JN411162

독일에서 자란 아이 vs. 한국에서 자란 아이

Meine kinder

글 김남지 그림 박미라

마이네킨더
Meine kinder

초판 1쇄 발행일 / 2006년 4월 21일

글쓴이 김남지
그린이 박미라
글편집 송은옥 신현진
디자인 신현진
등록번호 제 302-2005-00062호
등록일자 2005년 10월 10일
주소 서울특별시 용산구 한남동 568-241 나성빌딩 101호
전화 02-793-0357 팩스 02-793-0357
이메일 amho98@gasse.co.kr
amho98@freechal.com
홈페이지 www.gasse.co.kr
ISBN 89-957343
인쇄 삼성인쇄
값 10,000원

본문에 실린 글과 그림은 저작권에 보호를 받습니다.
잘못된 책은 바꾸어 드립니다.
© 김남지 2006. Printed in Seoul, Korea

gasse

차례

딱딱한 거 씹으면 안 된 댔는데... 11
비'가오나 눈'이 오나 17
6개월까진 무조건 안아주어라? 21
말이 빠르면 걷지 않는다? 27
올가'아줌마 33
더이상 크고 싶지 않은 이유 37
나인 Nein 41
하루에 한 장 47
가이게 Geige 53
희한한 연주회 59
모국어 Muttersprache를 완벽하게 하세요? 65
한 시간 이상 숙제 하면 안돼요 71
학부모 면담 77
부모님한테 물어보지 마세요 83
놀라운 게시판 85
선물 만들기 89
나 과외 좀 시켜줘 95
프락티쿰 Praktikum 99

사는 방법이 달라서야 103
스페인어 111
엄마 나 뭐 될 건지 생각났어 115
줄 때, 받는다 119
뚫렸다고 다 좋은 건 아니야 125
그건 엄마 생각이지 129
아이가 너무 편안해요 133
눈웃음과 거지 139
이케아 IKEA에서 길을 잃어버리다 143
선생님들은 빨간 한문이 쓰여 있는 컵라면을 좋아한다? 149
책 한 권을 다 했어요 153
나눠 먹으면 더 많이 먹게 된다 157
공기놀이와 자신감 161
70'이라는 점수는... 169
분단장이 되고 싶은 이유 171
신기한 그림책 175
목조르기'가 뭐야? 179
떡, 식혜, 이천원 그리고... 183
악보'를 보지 못하는 아이 187
소아 vs. 용현(첫사랑) 193
소아 vs. 용현(거짓말) 201

딱딱한 거 씹으면 안 된 댔는데...

"딱딱한 거 씹으면 안 된 댔는데..."

세상에 그렇게 아픈 게 있을 수 있다는 것이
믿기지 않았습니다.

그런 아픔을 잊어버리고
사람들이 그 아픔이 뻔히 보이는 아이를 또 가진다는 건
더 믿을 수 없는 사실이었습니다.

"난 절대로 안 잊어버릴 거야"를 수백 번 외치며
그렇게 말도 안 되는 아픔을 겪고 소아'를 낳았습니다.
베를린 자유대학병원에서...

아이를 낳고 났더니
금세 저벅 저벅 걸어 갈 수도 있을 정도로
몸은 가볍고 아무런 통증도 없었습니다.

아마 아이 낳을 때의 통증이 너무나 크다보니
그 뒤의 작은 여러 부위의 통증들은
아무 것도 아니게 느껴졌었던 거 같아요.

“아침 식사예요. 드세요.”

아이'를 낳은 후 첫 울음이 터지고
하얀 수건에 싼 아이를 산모' 배 위에 잠시 올려 주고
아이'의 몸을 대강 씻기고
몸무게와 머리둘레 키'를 재고 기타 등등…

순식간에 이 모든 것이 지나가더니
침실자리가 빌 때까지 잠시 누워 있으라고 하더군요.

전 정말 층계도 저벅저벅 걸어서 올라 갈 수 있을 정도였기에
그냥 집으로 가라고 해도 갈 수 있을 거 같았습니다.

그런데 소아'를 낳은 시간이 아침 8시 15분

아침식사 시간이라며

제 침대 옆에 식탁을 차려 주는데 글쎄...
시꺼먼 블랙커피에 브레챈'이라는 딱딱한 하얀 빵

그 순간
아무렇지도 않던 제 온 몸 구석구석이 아파 오는 것이
꼼짝도 할 수가 없는 거예요.

그리고는... 중얼중얼...

“딱딱한 거 씹으면 안 된 댔는데...”
“딱딱한 거 씹으면 안 된 댔는데...”

빵 한 조각이라도 베어 물었다가는
온 이빨이 다 빠질 것만 같은 두려움에
아래, 위 입술을 꽉 다물고 있던 절 바라보던 간호사,

아파서 아침 식사를 못하겠냐며
배고프면 좀 있다가
특별히 다시 차려주겠다는 친절을 보이며
제 병실까지 침대를 밀고 가주더군요.

조금 전까지만 해도
저벅 저벅 걸어서도 층계를 올라갈 수 있을 것만 같던 제 몸
갑자기 침대의 덜컹거림에도

온 몸이 아파올 정도로 변해 있었답니다.
그 다음...

평소에 하루라도 샤워를 못하면 난리를 쳤던 저였지만
아이를 낳자마자 "샤워하세요." 라는 간호사의 말엔
이젠 아주 거의 울상이 되어...
간호사는 계속 어디가 아프냐고 질문을 하고...

앞으로 일주일은 더 병원에 머물러야 할 텐데
너무나 끔찍하고 겁도 나고 밀려오는 서러움에...

하지만...
옆에서 예쁘게 쌔액쌔액 자고 있는 소아의 얼굴을 보는 순간

"그래 무슨 방법이 있을 거야!"

사람은 다 살 게 마련이라고...

그 순간부터...

아침에 나오는 블랙커피엔 우유를 듬뿍 넣어서 조금만 마시고,
브레챈'은 안에 있는 하얗고 부드러운 부분만 뜯어먹고,
샤워실'까지 굳이 데려다주는 친절한 간호사는
살짝 따돌리고 부분 부분 샤워(한 부분씩 씻고 빨리 닦고,

또 다른 부분 씻은 뒤 춥기 전에 또 빨리 닦고...)를 개발했고,
하루 종일 문 열어놓는 같은 방 산모들에겐
우리나라 삼칠일이 어쩌고 했다간 먹히지도 않을 거 같아서

언젠가 들은 적 있는 독일 할머니의 말씀
"맞바람'이 건강에 안 좋아요"를 들려줘서
환기만 시키고 문을 닫게 만들었으며...

그렇게 마음을 달리 먹고 병원생활을 버텼더니

우리나라 삼칠일 동안 지켜야한다는 거
엄밀히 따지면 하나도 지키지 않았지만
여태 이'가 시린 것도, 허리가 아픈 것도,
몸이 시린 것도 하나도 없는 걸 보면
기쁜 마음으로 행하는 모든 일엔
당할 그 무엇도 없다고 생각됩니다.

그런데 정말 웃겼던 것은
반팔 차림에 허연 다리도 다 내놓고 다니던 독일 산모들

양말은 꼭 두꺼운 걸 신고 유난을 떠는 걸 보면
세상은 참 다 거기가 거기란 생각 듭니다.

비'가 오나 눈'이 오나

소아'가 태어난 지 딱 일주일이 되었을 때부터
비가 오나 눈이 오나
하루에 두 시간씩 산책을 했습니다.

아이에게 많은 것을 보여주고 들려줘야 된다는
심리학자인 소아 아빠의 말 때문에

그 시절에 두뇌가 가장 많이 발달한다는
지나가다 들은 라디오의 멘트 때문에

유모차에 매일 누워 있고
공기가 좋아선지 산책만하면 콜콜 잠드는 소아'를 데리고

남들이 보면 "대체 뭐하는 거야" 할 수도 있는 일이었지만...
그 아무 것도 보지도 듣지도 못할 것만 같은 나이에
아니 그렇게 아무 것도 보지도 듣지도 못하니까 더더욱
많은 것들을 느낄 수 있을 것만 같아서...

물론 산모'인 제 건강에도 좋을 거 같았구요.

그렇게...

어느 날은 오리'들을 보여주려 호숫가에,
어느 날은 복잡한 거리를 보여주려 베를린의 명동인 쿠담'거리에,
또 어떤 날은 아이들의 재잘거림을 들려주려 놀이터에...

그것도 지루해지면
끝도 없이 과일이 열려있는 긴 길을
노래 부르며 그저 걷고 또 걸으며...

비'가 오면 비'의 습기'도 느끼게 해줄 겸
눈'이 오면 그 순백의 공기와 눈의 간지러움도 즐기게 해줄 겸
매일 매일 그렇게 두 시간씩 소아와 산책을 했었답니다.

어르신들은
삼칠일도 지나지 않은 산모와 아이가 돌아다닌다고
찬바람 쐬면 안 된다고 나이 들면 다 나타난다고 하셨지만,

그 나이 다 든 지금까지 전혀 나타나지 않은 거 보면
여태 거의 아픈 적 없이 잘 크는 소아'를 보면
긍정적인 마음과 좋은 기분으로 행하는 일엔
그 어떤 나쁜 기운도 침입할 수 없다고 생각됩니다.

요즘도 가끔 제가 제대로 해준 것도 없는데
소아'의 저도 도저히 따라갈 수 없는 능력'을 볼 때면,
– 여기서 말하는 그 능력'은 공부'의 능력이 아니라
깊은 마음 씀씀이와 세상을 바라보는 긍정적인 사고방식,
그리고 낙천적인 성격...

세상을 가장 많이 보여줬고 느끼게 해줬던
그 두 시간의 산책이 떠오릅니다.

6개월까진 무조건 안아주어라?

"안아 주지 마!"

손녀가 보고 싶어
소아가 태어 난지 한 달쯤이 지났을 때
소아 친할머니께서 베를린에 오셨답니다.

조금만 울어도 뽀르르~ 달려가 안아주는 저를 보고
안아주지 말라고,
한 번 안아주면 손 타서 계속 안고 있어야 한다고
그럼 엄마가 아무 것도 못하고 너무 힘들다고...

하지만 전 몰래 몰래
소아'가 조금만 울어도 달려가서 안아줬답니다.

그래야 생후 6개월까지 신뢰감'이란 것이 생긴다는
심리학자의 말을 듣고...

소아는 유난히 많이 우는 아이였습니다.

전 아기들은 그렇게 다들 하루 종일 우는 줄 알았습니다.

나중에 주위에 있는 유학생 친구들이
하나 둘씩 아이를 낳기 시작했을 때야 알게 되었죠.

소아처럼 많이 우는 아이 보기 드물다는 것을요.

아무튼 하루의 반 이상을 우는 소아를
팔이 떨어져라 안고 반년을 보냈답니다.

그 때까지 부모에 대한 신뢰감'이 생긴다는 그 한마디 때문에...

그런데 신기하게도 6개월이 지나자
소아의 우는 일은 사라지더군요.

그러더니,

소아가 만 3살이 되어
한국말을 완벽하게 하고, 한글을 거의 다 쓸 수 있게 되었을 때
미리 접수를 해 두었던
독일 시에서 운영하는 킨더가튼(유아원)에 보내기로 했던 날

처음 유아원'이란 곳을 가는 소아는
예쁘게 양 갈래로 머리를 묶고
새로운 곳에 대한 두려움과 설렘으로 집을 나섰지요.

"첫 날이니까 오늘은 하루 종일 대기하셔야 할 겁니다.
한 달 정도는 적응시기가 필요할 것이고..."

가정집을 예쁘게 꾸며놓은 킨더가튼의 원장선생님
처음 오는 아이들은 부모와 떨어지지 않으려고 한다든지
조금만 있다가도 집에 가겠다고 운다든지...
부모가 자기를 버리고 갔다고 생각한다든지 하기 때문에
첫 날은 하루 종일 대기하고 있으라고...
한 달 정도는 적응기간으로 생각하라고 하시더군요.

더욱이 소아는 독일어를 한마디도 알아듣지 못했기에
아이들 8명에 교사가 3명이나 되었지만,
보통 독일 아이들 보다는 조금 더 긴장하는 듯한 표정이었습니다.

"소아야 엄마 가도 돼? 엄마가 이따가 찾으러 올게"

또래 아이들과 조금은 더 어린
그리고 조금은 더 큰 언니, 오빠들이 신기하고 재미있었던지
"응, 엄마 이따 나 데리러 와" 한마디만 던지고

말도 통하지 않은 아이들에게 다가가
레고'만들기를 하는 것이었습니다.

"괜찮아요?"

아침 9시에 킨더가튼에 소아를 맡기고
오후 4시 반까지 10번은 넘게 전화를 했나봅니다.

그럴 때마다 선생님의 너무나 신기하다는 반응,
"네, 정말 잘 지내요. 말도 알아듣는 거 같아요.
저렇게 적응 잘하는 애 처음 봤어요."

"엄마 좀 더 있다가 와"

오후 4시반 경
엄마들이 하나 둘 씩 아이들을 찾는 시간이 되어서야
킨더가튼 문을 열고 살며시 소아를 보았답니다.

신나게 노느라 양 볼이 새빨갛게 상기 되어있던 소아
제 얼굴을 보자마자 달려와 한다는 얘기

"엄마 좀 더 있다가 와도 되는데..."

대견함과 조금은 섭섭함에 소아를 껴안고

"엄마 안 보고 싶었어?" 했더니

소아...

"엄마가 나 곧 데리러 올 텐데 뭐..."
적어도 한 달은 걸린다던 킨더가튼 적응시기
소아는 하루도 걸리지 않고 끝이 났습니다.

그 것이 심리학자의 말대로 태어나서 6개월까지 생긴다는
부모에 대한 신뢰감 때문이었는지는 아무도 모르지만요...

말이 빠르면 걷지 않는다?

"엄마 저거, 저거 갖다 줘..."

소아는 기어 다니지도 않았고
물건을 잡고 일어서지도 않았으며
당연히 걸어보려고 시도도 하지 않았습니다.

만으로 한 살이 지나고
또 다시 반년이 흐를 때 까지요.

여자'아이들은 남자아이들 보다 더 빠르다는
그래서 여자아이들은 돌'되기 전에 다들 걸어 다닌다는
어떤 아이들은 뛰어다니기까지 한다는

주위사람들과 독일에 계신 간호사님들의 말을 들을 때면
"어차피 평생 걸어 다닐 건데 뭐" 라며 느긋한 척은 했지만
18개월이 되기까지 일어서려는 시도조차도 하지 않는 소아가
은근히 걱정이 되기 시작했습니다.

기어가서 뭔가를 잡으려는 욕구가 있어야 기어 갈 텐데...
어딘가를 걸어서 가고 싶은 곳이 있어야 걸어 갈 텐데...

유난히 말이 빨랐던 소아한테는

"엄마 저거 저거 저거 갖다 줘" 하면
아직 기어갈 수 없다는
아직 걸어갈 수 없다는 생각 때문에
소아가 원하는 모든 것을 갖다 주었던
제가 있었기 때문이었습니다.

말'을 빨리한다는 것이
몸'을 움직이게 할 필요가 없다는 것을
소아가 꽤 많이 큰 후에야 알게 되었답니다.

그러던 어느 날

같이 공부하던 유학생 선배가 박사학위를 받아서
친구들끼리 한인성당의 강당을 빌려 축하파티를 하게 되었습니다.

다들 어렵게 공부하는 학생들이라
한 집에서 한 가지씩 음식을 준비해 오고
어르신들이 조금씩 도와주셔서
그래도 그럴듯한 파티 상차림을 만들게 되었죠.

비슷한 또래의 유학생들이다 보니
이집 저집 서로 비교하게 되는
소아와 비슷한 나이의 아이들이 하나씩 있었습니다.

다른 아이들은
다들 좁은 집에만 있다가 넓은 강당에 오니
신이 나서 뛰어다니고 난리가 났는데,

걸어 다니기는 커녕
한 번도 무언가를 잡고 서본 적도 없는 소아는
그저 유모차에 앉아서
친구들이 뛰어다니며 노는 모습만 바라보고 있었죠.

"엄마 기저귀 갈아줘"
"엄마 나 뭐 먹을래."
"엄마 주스 마실래." 라는 말들만 하면서...

한 살이 조금 지났을 무렵엔 그래도
소아에게 걷기연습을 시키려 시도를 해보던 유학생 친구들,

Pmira

거의 두 살이 다 되어갈 때까지 애가 걷지를 않자
이젠 제 눈치를 보는 듯했습니다.

“어머 재 좀 봐”
갑자기 강당이 소란스러워졌습니다.
부엌에서 음식을 내어오던 전, 사람들의 웅성거림에 놀라
무의식적으로 소아가 앉아있던 유모차를 보게 되었죠.

텅~ 비어있었습니다. 소아의 유모차는...

전 순간 소아가 다친 줄 알고 놀라서
사람들이 웅성거리는 쪽으로 달려갔었죠.

그런데 소아는...

아이들이 놀고 있는 곳까지
저벅 저벅 걸어가 서 있는 거 아니겠습니까.

단 한 번도 뭔가를 잡고 서는 모습도 본 적이 없었던지라
뭔가를 잡고 섰다가
조금씩 넘어지며 뒤뚱거리다가
그 다음에 걷는다는...
꼭 그래야만 한다는 법칙이 있는 것도 아닌데
어느 날 갑자기 걸어 다니는 소아가
뭔가가 잘못된 줄 알고 걱정을 하기까지 했었답니다.

지금 생각해 보면
제가 24시간 소아 옆에 붙어 있었던 것도 아닌데,

잠시 잠깐
소아 혼자서 무언가를 잡고 선 적이 있었는지
단 한 순간 뒤뚱거리며 걷다가 넘어진 적이 있었는지
누가 알겠습니까?

그리고 그런 적이 한 번도 없다가 걸었다한들
그 게 뭐 그리 대수겠습니까?

어차피 우린 평생 걸을 텐데...

아이들의 모든 것을 알고 있다고 생각하는
그래서 내려놓은 어른들의 착각과 기준들이
우리 아이들의 무한한 가능성을 가로막고 있는 건 아닌지...

유난히 말'이 빠르고, 걸음마'가 늦었던 소아를 보면서...

올가'아줌마

소아'가 만 세 살 되던 해 겨울
베를린 국립미술관에서 피카소 작품전시회가 있었답니다.

춥고 찬 습기가
스믈스믈 몸속으로 기어들어 오는 듯한 베를린의 겨울

큰 전시가 있으면 주차를 더 멀리할 수밖에 없는 곳이라
소아'에게 알프스소녀 하이디처럼 옷을 잔뜩 입혀서
미술관에 데려갔었죠.

북적거리는 사람들로 실내온도가 엄청 더웠음에도
거의 3시간을 콧잔등에 땀을 빨빨 흘리며 쫓아다니더군요.

어른인 저도 지칠 지경이었는데
소아'는 처음 가보는 미술관이 신기했던지,

전쟁의 공포와 아픔을 표현한
아이들이 보기엔 다소 무서울 수도 있는 작품 우는 여자'
그 유명한 게르니카'
눈이 엉뚱한 곳에 붙어있는 작품들...

사람이 너무 많아 밀려다녔음에도 불구하고
3살 난 여자아이가 그림을 뚫어지게 바라보는 모습은
그 큰 베를린 국립박물관이
텅' 빈 것만 같은 착각에 빠질 정도였습니다.

결국은 소아'가 아니라
같이 간 어른들이 다리가 아프고 배가 고프다 하여
국립미술관을 빠져 나오게 되었죠.

휴~
모두들 지친 다리를 붙잡고 찬 공기를 마시며...
국립박물관 입구 계단 위에 서서 정신을 좀 차린 뒤,

한참 아래에서 꼬물락 거리며 발장난을 하고 있는 소아'가 신기해

3살 난 여자 아이가 그 긴 시간동안

뭘 보고, 뭘 느꼈는지 너무나 궁금해
농담 반, 호기심 반으로 물어봤었답니다.

"소아야~ 피카소' 그림 어때? 재미있었어?"
질문하던 아저씨에게 수줍은 웃음을 한 번 지어보이던 소아'
팔랑거리던 양 갈래머리를 휙~ 돌려 절 바라보며
딱 한마디 하는데...

소아 : 엄마 올가'아줌마가 피카소 부인이지?

엄마 : 어? 어떻게 알았어?

소아 : 쿡쿡 올가'아줌마만 예쁘게 그렸잖아.

Picasso

더이상 크고 싶지 않은 이유

"으아앙~~~~~~~~~~~~"

운전을 하다말고 깜짝 놀랐습니다.

두 돌이 지난 소아를 데리고
베를린 자유대학병원에 간호사로 계신 분 댁에
생일초대를 받아서 갔다가 집으로 돌아오는 길이었습니다.

워낙 어른들한테 귀염을 받던 소아라
사람들과 재미있게 놀다가 집으로 돌아오는 길이었는데,

차 뒷자리 어린이 의자에 앉아서 조용히 있던 소아
갑자기 울음을 터트리는 거였습니다.

태어나서 6개월 이후로는 거의 울어본 적이 없던 소아였기에
운전하다말고 얼마나 놀랐던지

"소아야, 왜 그래?"

마침 신호등에 걸렸기에 애가 아픈가 하고 뒤돌아봤더니
아픈 것은 같지 않은데 계속 우는 것이었습니다.

"소아야 왜? 왜 그러냐구?"

조금 진정된 소아 서럽게 흑흑거리며

"엄마 소아' 지금 보다 더 안 자랐으면 좋겠어. 흑흑...
소아가 자라면 그 만큼 엄마도 더 자랄 거고
그럼 엄마도 아까 그 할머니처럼 될 거잖아"
흑흑... 으아앙~~~~

나인 Nein

"나인"

영어의 노'라는 뜻의 독일어 나인'
티비'에서 들었는지
어쩌다 무심코 튀어나온 나인'이라는 말 때문에
아직 말귀도 제대로 잘 못 알아듣던 나이의 소아는
영문도 모른 채 아빠한테 혼이 났습니다.

한국말 잘 못하는 2세'로 자란 소아 아빠는
전공도 심리학에 교육학을 해선지
자신의 어색한 모국어 발음에 한이 맺혀선지
소아가 태어나자마자 언제나 노래처럼 하던 말이 있었지요.

“모국어가 튼튼해야 다른 나라말도 잘한다.”
“여러 나라 말을 섞어서 하는 것은
언어능력에 가장 나쁜 적이다.”

“한국말을 완벽하게 할 때까지
절대로 독일말 한 마디도 해서는 안 된다.”

이러한 사실을 알 턱이 없던 소아였지만
아빠의 그러한 강한 바람이 마음으로 전해졌던지
나인'사건 이후로 단 한 번도 독일말을 하지 않았습니다.

소아가 모국어인 한국말을 읽고 쓰기까지 했던
만 3살이 될 때까지요.

언제나 집에서 자연스럽게 한국말을 하고,
하루에 한 장씩 한글나라'책을 공부하며
아무런 문제점도 느끼지 않았던 소아

하지만 문제는 다른 곳에 있었습니다.

아이를 독일 킨더가튼(유아원)에 보내지 않고
부부가 같이 일가친척 하나 없는 외국에서
공부를 한다는 것이 얼마나 힘이든지

6개월 된 아이를 2시간짜리 대학 강의 때
유모차에 앉혀 놓고 수업을 들어야 했으며,

추운 한겨울 성당 2층 파이프 오르간 옆자리에
3시간씩 앉혀 놓고 오르간 연습을 해야 했으며,

그것도 여의치 않을 때는
유학생의 힘겨운 형편에도 불구하고
한국말을 하는 한국 사람에게 잠깐씩 보수'를 지급하고
아이를 맡겨야 했었습니다.

보기에 따라 생각하기에 따라 힘겨울 수도 있는 상황이었지만
지나고 나면 다 잘 된 일이라고...

6개월 된 소아는 2시간짜리 대학 강의도 유모차에서
얌전히 들을 수 있는 차분함과 인내력을 길렀으며,

매일 매일 오르간 소리를 들으며 음악을 접할 수도 있었고,

한국사람 집에 잠깐씩 맡겨둘 때면
부모가 아닌 다른 어른들을 대하는
공손함과 예의를 배울 수가 있었답니다.

힘들었다면 힘들었을 수도 있는,
하지만 정작 소아'에겐 자연스러웠던 모국어 한국말을
완벽하게 끝낸 3년의 세월이 지나고
드디어 독일의 킨더가튼(유아원)을 보내게 되었지요.

정말 놀라웠습니다.

독일 유아원을 갈 때까지
ja! (예), nein(아니오)도 하나 못하던 소아가
유아원을 다닌 지 일주일 만에
유아원 선생님들의 말귀'를 거의 다 알아 듣고
한 달쯤이 지나자 자연스럽게 독일 문장을 구사하는 것을 보면서

전 솔직히 소아아빠가 이중언어' 얘기를 하며
모국어가 튼튼해야 다른 나라말도 잘 한다'며
독일말 나인' 한 번 한 걸 가지고 아이를 야단을 치는 것을 보고,
괜히 자기의 문제를 아이한테 전가시키는 것 같아
좀 심하다고 생각했었는데,

유아원을 보내지 않고 공부하느라
너무 힘든 경우가 많을 때면
유난을 떤다고 살짝씩 원망'같은 것을 한 적도 있었는데,

소아를 독일 유아원에 보낸 지 일주일쯤 지나서
유아원에서 소아를 찾아 집으로 데리고 오던 길

"엄마, 독일 말로 콜라비'가 한국말로 뭐지?"
"콜라비? 한국에 그 야채가 없는데...
맛은 한국 무랑 비슷하지?"

"응, 엄마. 그럼, 그 거 독일무'라고 하면 되겠다.
엄마! 오늘 유아원에서 점심 때 독일무' 먹었어."
한마디로 "엄마 오늘 킨더가튼'에서 콜라비' 먹었어." 하면
끝날 말을 이렇게 길게 추리까지 해가며
완벽한 한국말을 스스로 찾아가는 것을 보며
그제야 조금은 알 거 같았습니다.

이중언어'를 잘 하는 데 가장 중요한 것이
바로 모국어'가 아닐까... 하는
(다른 나라 말을 잘 하는 데 가장 중요한 것이
 바로 우리나라 말이 아닐까... 하는)

하루에 한 장

"엄마 나 이 거 하루에 한 장씩 할까?"

소아의 생일이거나 크리스마스 때가 되면 언제나 한국에서
할머니, 이모들이 선물이 가득 담긴 소포를 보내줬습니다.

예쁜 옷이나 장난감, 머리핀과 방울들
그리고 맛있는 한국과자들...

선물이 가득 담긴 소포박스'를 풀 때의 소아는
너무나 기쁜 나머지 그 기쁨의 표현이 경건하게까지 보였었지요.

그러던 소아가 만 두살 되던 생일이었어요.

놀이터에 갔다가 집에 왔더니
소포 찾아가라는 반가운 핑크빛 우체국 엽서
여름이 생일인 소아'와 콧잔등에 땀을 빨빨 흘리며 우체국 가서
한국에서 보내 온 소포를 찾아가지고 왔답니다.

그 소포박스엔 아기자기한 물건들이 잔뜩 들어있었지요.

그런데 소포의 맨 아래에 평소와 다른 종류의 선물하나가...

이모가 넣어 준 한글나라' 책 한 권이었습니다.

평소에 그림책을 많이 보던 소아였지만,

그리고 독일에 살고 있었으면서도
우리말이 완벽할 때까지
단 한마디의 독일말도 하지 못하게 했기 때문에
언제나 하루 종일 한국말만 하는 소아였지만,

기역, 니은이 있는 한글공부'라는 책은 처음 보았던지라
만 두살 난 소아에겐 너무나 신기했었나 봅니다.

아직 어리다는 생각에 전...

"소아야, 이 건 나중에 소아가 좀 더 커서 보자" 하고
한글나라 책을 책꽂이에 꽂아두고,

다른 선물들을 꺼내서 입어 보고, 머리에 꽂아 보고
과자들을 먹으며 행복한 생일을 보냈답니다.
그 때 소아의 눈길이
책꽂이를 향하고 있었을지도 몰랐다는 걸
생일이 한 달쯤 지난 후에야 알게 되었답니다.

꽂아 놓으면 바닥에 내려져 있고
또 올려 놓으면 내려와 있는 한글 책'이 이상해
소아를 붙들고 물어 봤었죠.

"소아야 이 책 네가 내려 놓았니? 너 이 책 봐?"

소아는 그 책이 너무나 궁금했었나 봅니다.

하지만 만 두살 난 아이에겐 너무 어렵다는 생각에
읽어 주려고도 하지 않았던 저에게

소아는 기역, 니은 쓰는 순서와 방법이 그림처럼 되어 있는
한글나라 책의 첫 페이지를 펼치며

"엄마, 하루에 한 장씩 이 거 하면 금방 다 할 거 같아"

손가락에 아직 힘이 없어
흐느적거리는 기역, 니은이었지만

소아 말대로 정말 하루에 한 장씩 풀어간 한글나라는,

소아가 만 세살이 되던 해엔
반듯한 기억, 니은으로 변해 있었으며

다시 돌아온 소아의 세살 생일 때
선물로 받은 소포' 안에 들어있던 엄지공주'동화책을
읽고, 쓸 수 있게끔 되었답니다.

하루에 한 장의 얇은 힘이 그렇게 두껍다는 걸
그 때는 소아도 저도 몰랐었습니다.

가이게 Geige

“엄마 나 바이올린 배울래.”

6월이 생일인 소아가
6번째의 생일을 조금 남겨 두었던 어느 날
갑자기 바이올린을 배우고 싶다고 했습니다.

전 제가 음악전공임에도 불구하고
소아가 그 나이가 될 때까지 피아노는 커녕
음악을 접할 기회마저도 주지 않았었죠.

한창 제가 힘들게 음악공부를 하던 때라
괜히 아이도 힘들 거 같단 생각을 은연 중에 한 거 같아요.

"소아야 너 왜 바이올린'이 배우고 싶어?"
피아노, 바이올린, 하모니카, 드럼... 다 똑 같은 악기인데
괜히 처음 음악을 시작할 때면
피아노'가 가장 먼저여야만 한다는 고정관념에
바이올린을 배우겠다는 아이가 조금은 이상했나 봅니다.

바이올린'교육을 가장 먼저 시키는 독일에 살았으면서도...

"바이올린 선생님이 윗집에 이사 오셨잖아
그니까 엄마가 데려다주고 찾고 하지 않아도 될 거고
그니까... 소아 바이올린 하나만 가르쳐 줘"

순간 아래로 난 속눈썹이 눈을 찌르는 거 같았습니다.

코끝이 눌려왔을 때야
찌르는 속눈썹 때문이 아니란 걸 알게 되었죠.

소아는 피아노든, 바이올린이든 뭔가를 배우고 싶었는데
공부하느라 바쁘고 정신없는 제가
자길 음악학교까지 데려다주고 찾고 하는 것이 힘들까봐
말도 못하고 있었던 거였습니다.

그러던 어느 날 킨더가튼'을 다녀오다
멋진 바이올린을 들고 올라가는 저의 집 바로 위에 새로 이사 온

바이올린 선생님을 보게 된 것이었고요.
그렇게 하여 소아가 6살 되던 해
음악학교 데려다주고 찾고 하는 엄마의 번거로움 없는 윗집에서
소아의 바이올린 레슨은 시작이 되었답니다.

"이제 됐어"

우리가 살고 있는 지역의 음악학교에 등록을 하고
희망하는 선생님의 이름을 쓰는 난에
윗집의 바이올린 선생님을 기입하고

음악학교에서 빌려 주는 8분의 1 짜리 바이올린을 받고...

신이 나라 갈래머리를 흔들며 바이올린을 들고
흥분된 양 볼로 다녀오겠다는 인사를 하곤
첫 레슨을 받으러 갔었죠.

그로부터 하루 이틀 사흘 나흘...

너무나 좋아하며 바이올린을 꺼내 매일 매일 연습을 하는데
언제나 꼭 10분 혹은 15분쯤만 지나면
바이올린 연습하기를 멈추는 거예요.

그러고는 혼잣말로

"이젠 됐어"

전 첨에 아무리 바이올린이 좋더라도
어린나이라 힘이 드나보다... 하고 생각을 했었습니다.
그렇게 한 달 정도가 지났나 봅니다.

어느 날 바이올린을 연습하던 소아 방에서
너무나 안타까워하는 아이의 작은 비명소리가 들려 달려갔더니
투덜투덜 거리며 바이올린을 가방에 넣고
정리를 하고 있는 거였어요.

무슨 일이냐고, 왜 그러냐고
연습이 잘 안 되냐고...
그랬더니 글쎄

"엄마 10분이 벌써 다 가버렸잖아요"

영문을 몰라 바이올린 정리가 끝난 소아를 무릎에 앉혀 놓고
소아가 말하는 그 10'분이 무엇인지
왜 10'분이 그렇게 빨리 흘러 속상한 건지를 물어봤답니다.

세상에...

"엄마, 선생님이 10분만 매일 매일 꾸준히 연습하랬어.
근데 더 연습하고 싶은데 10분이 왜 이렇게 짧아?"

10

그렇게 소아와 바이올린은 매일 매일 10분씩
인연을 쌓아갔답니다.

언제나 눈이 부시게 하얀 와이셔츠를 입고,
자전거를 타고 다니시는 바이올린이 천직인 선생님과 함께...

희한한 연주회

"소아야 안 떨려?"

매일 매일 십분 씩 연습한 바이올린
그렇게 바이올린을 배운지 5개월쯤이 지났을 때
음악학교에서 정기연주회를 한다고 했습니다.

긴 머리를 흘러내리지 않게 하나로 단정히 묶고
카키색 풀오버와 카키색 바지를 입은 소아
까만 바이올린을 들고 태연하게 무대 위에 오르는 거였습니다.
바라보는 제 마음은 날씨까지 추워
주머니에 집어넣고 있는 손이 덜덜 떨릴 정도였는데
소아의 고사리 같은 손은 너무나 태연한 것이...

어? 무대 위에 소아'만 올라가는 것이 아니라
소아의 바이올린 선생님께서 같이 올라가시는 거였습니다.

전 저희들 연주만 생각하고
선생님이 뭐 하시러 무대에 올라가나...
뭐가 잘못되었나...하는 생각에
걱정 어린 눈으로 바라보고 있었지요.

소아와 같이 무대 위에 올라가신 선생님은
소아의 어깨에 손을 얹고 관중석을 향해

"소아는 바이올린을 배운지 5개월이 되었습니다."로 시작하여
성격이 차분하다는,
열심히 선생님 말씀을 잘 듣는다는,
그래서 수업진도도 빠르다는,
오늘 연주는 어떠한 곡을 한다는 거까지...

그리고는 평소 레슨시간처럼
아이에게 연주를 시작할 수 있게끔 분위기를 만들어 주고,
살짝 자신감까지 띄워준 후
무대에서 완전히 내려오지 않고 한편에 서계시더군요.
왜 무대에서 내려오지 않고

그 옆에 서 계셨는지는...
그것도 바이올린을 들고...
나중에 알게 되었답니다.
평소 성격이 차분한 소아였지만
그렇게 큰 무대에서 연주를 하는 것이 처음이라
당연히 떨릴 줄 알고
연주를 잘 마치고 내려 온 소아에게 물어 봤었죠.

"소아야 안 떨렸어?"

쳐다보는 관중들 때문인지 양 볼이 살짝 발갛게 상기된 소아

"레슨 받을 때랑 똑같이 하는 건데 뭐.
사람들이 쳐다보는 거 때문에 쪼끔 떨렸지"

다시 연주는 시작되었고
선생님은 소아'때와 같이 아이들 개개인의 성격과 레슨방법
연주할 곡들을 설명하고는 무대 한편에 서 계셨습니다.

그렇게 한 시간 정도의 시간이 흘렀나 봅니다.

"아...!"
갑자기 제 입에서 저절로 탄성이 나왔답니다.
그리고 눈물이 왈칵' 쏟아졌습니다.

우리네로 초등학교 5학년쯤 되는 아이의 연주가 시작되었는데
잘 연주를 하다가 곡이 거의 끝날 때쯤 긴장이 풀렸는지
그만...
그 순간 처음부터 계속 무대 한편에 서 계셨던 선생님
스르르~ 무대 앞으로 걸어 나오시며
아이가 틀린 부분부터 연주를 하시는 거 아니겠어요?

연주하는 아이의 눈을 바라보고 환한 미소를 지으며
박자를 같이 맞추자는 고갯짓을 하며...

아이는 선생님의 도움에 힘입어
끝까지 그 곡을 잘 연주할 수가 있게 되었답니다.

아이가 틀렸다는 눈치를 못 챈 사람들이 거의 대부분일 정도로
선생님의 순발력은 대단하더군요.

마치 처음부터 정해진 각본이었던 거처럼...

그런 식으로 모든 아이들의 연주곡을 모두 다 외워서
어떠한 돌발사태가 생기더라도
아이들이 당황하거나, 이 담에 용기를 잃지 않게
대비를 하고 서 계셨던 것입니다.
그렇게 연주가 끝이 나자 선생님
아이의 어깨를 또 한 번 감싸며 관중석을 향해

"이 곡은 정말 어려운 곡인데
세바스찬이 정말 열심히 잘해주었습니다." 라는
칭찬의 한마디까지 해 주는 선생님을 보면서

왜 바이올린 연주자 자격에 음악이론까지 공부했는데,
아이들 가르치는 것이 좋아서 음악교육을 다시 공부하셨는지
그래서 돈도 별로 못 벌 텐데
음악학교 선생님만 하시는지 알 것만 같았습니다.

가르치는 것이 천직으로 보이시는 훌륭한 음악가셨습니다.

언제나 하얀 와이셔츠와 검은 바지에
바이올린 하나 옆에 끼고
자전거를 타고 다니시는 바이올린 선생님은요...

모국어 Muttersprache를 완벽하게 하세요?

"Vorschule"

말 그대로 직역을 하면 예비학교'
초등학교를 들어가기 전에 다니는 학교로
독일은 우리나라 유치원과 같은 제도가 의무교육입니다.

소아가 만 3살 때부터 2년 정도 유아원을 다니고
이제 예비학교를 등록할 때가 되었을 때쯤이었지요.

같은 유아원에 다니는 필립'이라는 남자아이의 부모가
베를린엔 5개의 유럽학교'가 있는데
자기네 큰 아이는 불어와 영어를 이중언어'로 하는

학교에 다니고 있다며
소아와 같은 또래의 필립'은 영어와 독어를 하는
이중언어학교에 신청을 할 것이라고 했습니다.

한 학급 18명 정도만 뽑는다는데
신청자가 수백 명에 달한다고 하니
우리 같으면 경쟁자라 여기고
그러한 정보를 주지 않을 거 같은데
아주 자연스럽게 같이 신청을 해보자는 거였지요.

처음엔 그런 학교가 있다는 얘기를 소문으로는 들었지만
보통아이들이 들어갈 수 없을 거라는 생각 때문에
엄두도 내지 않았던 일이었는데,

등록금을 낸다든지
여러 가지 자격조건이 있다든지... 하는
까다로운 걸림돌이 없다기에
밑져야 본전이니 일단 입학원서를 내보기로 하고
해당하는 날짜에 학교에 찾아가 교장선생님을 만났습니다.

다행히 우리가 살고 있는 집에서 거리상 별로 멀지도 않고
베를린 올림픽경기장 근처의 조용하고 아름다운 동네라,
하지만 경쟁률이 높다고 하였기에

거의 기대도 하지 않고 원서를 내러 갔었답니다.

입학원서를 낼 수 있다는 것만 가지고도 만족하려고...
원서를 내기 전 과연 아이'가 그 학교를 다닐 수 있는
능력이 되는지 여부의 자격 때문에
학부모와 교장선생님과의 면접을 봐야 된다고 하여
아이가 아닌 아이의 아빠가 면접을 보러갔었습니다.

전 속으로
"아이'의 능력을 봐야지. 웬 부모가 면접을 봐?" 하면서
교장선생님과의 면접을 보러 갔던 소아 아빠가 나오자마자

"뭐래? 소아 접수할 수 있대?
정말 등록금 같은 거 하나도 없대?
뭐 미리 자격시험 같은 거 봐야하는 것도 아니래?"

전 당연히 한국아이니까 독일말 잘하는지 여부와
영어'를 어느 정도 할 수 있는지 여부가 중요할 거라 생각하고
그동안 유아원을 2년 정도 다녀 독일말이야 잘 하지만,
영어는 한마디도 하지 못하는 그것도 동양아이라
경쟁이 치열한 등록금이 하나도 없는 학교에
입학할 수 있는 자격이 당연히 힘들 것이라 생각했습니다.
하지만 교장선생님과 면담을 하고 나온 소아아빠에게

다급한 마음에 도대체 교장선생님이 뭐라 하더냐고
소아' 독일말 잘 한다고 하지 그랬냐고
영어는 아빠가 잘 하니까 배우면 된다 하지 그랬냐고...

애타서 시뻘게진 얼굴로 다급하게 쏟아 붓는 제 질문에
소아 아빠 교장선생님의 말투를 흉내 내며 딱 한마디만 하는데,
그 한마디에 모든 해답이 들어 있었습니다.

교장선생님은 독일어를 잘 하냐
영어를 잘 하냐를 물은 것이 아니라,

"아이가 Mutter Sprache (모국어)를 완벽하게 하나요?"

그래서 그 날 소아는 입학원서를 낼 수 있었으며
그 치열한 경쟁에서 무작위 추첨으로 운이 좋게도
18명만 뽑는 입학생 안에 들 수가 있었습니다.

우리에게 찰스디킨스학교를 소개해 준 필립'은 추첨에서 떨어져
보통 동네 학교를 다니게 된 것이 마음이 아팠는데,

그럼에도 불구하고 소아의 합격을 같이 기뻐해 주는 모습이
얼마나 감격스럽던지... 오래토록 감사드렸습니다.

아직도 잊히지 않는 교장선생님의 말 한마디

“아이가 Mutter Sprache (모국어)를 완벽하게 하나요?”

한 시간 이상 숙제를 하면 안돼요

소아가 찰스디킨스' 이중언어 학교를 입학하고
처음으로 맞이하는 학부모회의 날이었습니다.

학부모'라는 것도 어색한데
말도 유창하지 못한 남의 나라에서 회의'같은 걸
참석해야 한다니

하루 종일 신경이 쓰여
학교 가서 제 공부가 제대로 되지 않더군요.
긴 하루를 보내고 집으로 돌아와 소아에게 저녁을 먹이고
예쁜 옷을 골라 단정히 입고 괜히 거울도 한 번 더 보고

한국음식 냄새날까 향수까지 뿌리고 집을 나섰답니다.
봄 향기가 코끝을 시리게 만드는 5월 저녁 무렵
베를린 올림픽경기장을 지나
사슴고기'를 파는 음식점 앞에서 우회전을 해
나지막한 건물과 나무가 많은 주택가 길가에 있는 학교 앞에
주차를 하고 소아 교실을 찾아 올라갔습니다.

미리 와 있는 학부모들과 가벼운 저녁인사를 나누고
자리를 잡고 앉아 있는데
소아의 영어, 독일어 선생님 두 분이 들어오셔서
처음으로 참석해 보는
조금은 떨리는 학부모회의란 걸 시작하게 되었죠.

영어선생님은 영어로, 독일선생님은 독일말로
각자 아이들의 수업 진행 상태를 간략하게 설명하고
부모님들이 궁금해 하는 질문을 받아 답변하고...

예상했던 것과 별로 다를 게 없는 듯한 학부모회의 였습니다.

그냥 그렇게 끝나나보다... 별거 아니구나... 하고
조금은 여유로운 자세로
선생님들과 학부모들 간의 얘기를 듣고 있는데
어떤 아이의 아버지 한 분이

너무나 심각한 표정과 목소리로
큰일이라도 난 듯이
"우리 아이가 숙제를 너무 오래 해요. 어째야 좋을지..."

전 속으로 "참 할 말이 없으니까 별 걸 가지고 다 난리네"
라고 생각하며 이제 회의가 거의 다 끝나갈 거 같단 생각에
주섬주섬 수첩도 챙기고 가방정리를 하고 있는데,

"한 시간 이상 숙제하는 학생이 있으면 말해주세요"

독일선생님의 이 말씀으로부터 거의 30분 이상을
한 시간 이상'의 숙제에 관한 토론이 이어졌습니다.

결론은...

선생님들이 숙제를 내어줄 때
한 시간 이내에 끝낼 수 있는 정도만 내어주니
그리고 그 이상 책상에 앉아 공부를 하는 것은
아이들에게 무리이니
절대로 한 시간 이상 숙제를 하지 말게 해 달라.

간혹 한 시간 이상 숙제를 하게 되는 아이가 있으면
그 건 방법이 잘못 된 것이니 계속 숙제를 하도록 시키지 말고
덜 끝난 숙제를 그대로 학교에 들고 가게 만들어 달라,
그 다음부터는 우리가 알아서 하겠다.

세상에…
공부 더 하면 좋은 거지
책상 앞에 오래 앉아 있는 다고 뭐 그리 나쁠 게 있다고
절대로 숙제를 한 시간 이상 하지 말게 해 달라고
신신당부하는 선생님 두 분을 보면서,

또 그러한 선생님의 말씀에 귀 기울이며
한 시간 이상 책상에 앉아 있는 아이들의 부모들이
심각한 표정을 짓는 것을 보는데

그 순간

일하는 시간에 비해 커피마시고, 담배피우고, 얘기 나누고,
식사하는 시간이 너무나 많다는
언젠가 본 우리네 직장인들 통계발표가 떠오르는 건 왜였는지…

학부모 면담

"학부모 면담은 또 뭐야?"

휴~ 학부모회의'는 반 전체 학부모들 틈에 끼여
그냥 선생님 말씀 듣고,
궁금한 거 있으며 물어 보고 하는 것이 다였는데,

그 학부모회의가 있은 지 한 달쯤이 지났을 때
선생님과 학부모 일대일로 만나는 면담이 있다고 했습니다.

그것도 독일어 선생님 별도로...
영어선생님 별도로...

아~ 영어...
"소아야 엄마는 영어 잘 할 거야.
한국에서는 모든 학생들이 중 · 고등학교 때 6년
그리고 대학에서도 1년씩 교양영어를 배우거든..."

평소 한국 영어교육을 비아냥거리느라 하는
소아아빠의 말을 사실인 줄 믿고 있는 소아
엄마가 7년씩이나 영어를 배워
엄청 잘 하는 줄 알고 있었답니다.

그 당시 남의 나라 말로 공부하느라 힘이 든
독일 유학생들끼리 웃자고 하던 말이 있었는데...

"해도 해도 늘지 않는 독일어' 실력
점점 사라져가는 한국어' 실력
도저히 넘볼 수 없는 불어'
어설픈 독어 때문에 헷갈리기까지 하는 영어'..."

그러니 여러 명이서 하는 회의도 아니고
단 둘이서 바로 앞에 앉아 얼굴 마주보고 하는
선생님과의 면담이라니...

도저히 안 되겠어서 머리를 굴린 결과 한사람씩 맡기로 했습니다.

독일어 선생님과의 면담은 제가
영어 선생님과의 면담은 7개 국어를 하는 소아 아빠가...

어설픈 독일어'는 용납이 되는데
괜히 세계 공통언어'라는 사실 때문인지 영어는...

그렇게 하여 두 사람이
각자 선생님과의 면담을 마치고 집으로 돌아왔습니다.

"뭐래?"

영어'를 모국어로 하는 아이들이 많은 학교라
영어를 한마디도 못하고 들어 간 소아가
사실 걱정이 많이 되었기에,

독일어 선생님과의 면담에서
소아가 독일어를 독일 아이들 보다 더 완벽하게
잘 읽고 쓴다는 선생님의 말씀엔
그저 제 어색한 독일어만 주눅이 들었을 뿐 …
당연히 소아가 독일어를 잘 하고 있다는 걸 알고 있었기에...

잔뜩 걱정 어린 눈빛으로 한 질문에 소아아빠는...

"영어선생님은 소아가 학교 들어오기 전에

영어를 사용한 줄 알던데?"

순간 너무나 기뻐 그동안 잔뜩 긴장해서 구겨졌던 제 얼굴이
봉우리였던 꽃이 펴질 때처럼
활짝 펴지는 기분을 느낄 수 있었답니다.

영어선생님은 소아가 외국인이니까
세계 공통언어'인 영어를 사용한 줄 알고 있었던 거였어요.

그만큼 소아의 언어습득' 능력이 뛰어났던 거였습니다.

"근데 독어' 선생님은 뭐래?"

독어선생님도 영어선생님처럼
소아의 독일어 실력을 높이 평가했지만
전 소아아빠가 어릴 때부터 이중언어'에 관해
너무나 예민하게 굴어 제가 애 키우면서 학교까지 다니느라
너무 힘들었기 때문에, 그 순간 독일어 선생님의 칭찬까지 했다간
"거봐라..." 라며 우쭐댈 것이 뻔하다는 생각에 괜히 얄미워...

"소아가 말이 너무 많대. 왕수다'래"

부모님한테 물어보지 마세요

“하나만 빼고 숙제 다 했다.”

숙제를 다 했다고 양 손을 번쩍 들면서
하나'는 안 했다는 소아

왜 하나는 남겨두고 안 하냐고 물었더니
자랑스럽게 씨익 웃으며

“선생님이 하지 말랬어”

하지 말라는 숙제를 왜 내주는지
그렇다고 안 하는 건 또 뭔지

"무슨 숙젠데?"
수학책을 펼치며 열심히 설명을 하는 소아
알고 봤더니
문제를 열심히 푸는 데 중간쯤에서 막혀버리는 거였대요.

아무리 이렇게 저렇게 풀어 봐도 답이 나오질 않자
그 숙제를 하지 않기로 했다는 거였습니다.

그래서 제가 그 문제 안다고 푸는 방법을 가르쳐주겠다고 했더니

"엄마, 선생님이 절대로 부모님들한테 물어보지 말랬어.
모르면 푸는 데까지만 풀고 그냥 들고 오랬어."

전 속으로 그 선생 참 별나네.
그냥 부모들이 이해가 가게 잘 가르쳐주면 될 텐데...

제 튀어나온 입에서 불만의 감정을 느낄 수 있었던지
소아'가 하는 말

"엄마, 부모님들은 우리 학년에서 배우는 거보다
더 커서 배우는 거 까지 다 배웠기 때문에
앞서 가는 방법으로 수학문제 푸는 법을
가르쳐 줄 수 있기 때문이야.
우리 나이에 풀어야 하는 방법으로 풀어야 하기 때문에
그래서 그러는 거래. 선생님이..."

놀라운 게시판

독일 베를린엔 영어와 독일어
두 가지 언어를 동시에 하는 이중언어 학교가 있어요.

이름하여 유럽학교'라고 하죠.

그 중 하나는 소아가 다녔던 '찰스 디킨스' 라는 이름의 학교이고,
또 하나는 '에리히 케스트너' 학교이죠.

학교 이름 정말 멋지죠?

우리나라 학교 이름에
그런 문인들 이름 붙인 거 못 본 거 같네요.

언젠가 추운 겨울 방학이 시작되었을 때였어요.
숲이 엄청 우거진 첼렌도르프 근처에 있는
에리히 케스트너' 학교를 지나가게 되었죠.

학교 입구에 게시판이 있기에
그냥 지나치지 못하고 뭐가 붙었나 조금 보다가,

그 게시판 바로 옆에
게시판을 더 강조하기위해 만든
팻말' 같은 것을 보게 되었답니다.

나무로 만든
꼭 막대사탕처럼 삐쭉 올라 온 게시판

그 게시판에 붙어있는 게시글을 보고
전 처음에 농담인 줄 알고 고개를 갸우뚱' 하고 있는데,

마침 그 옆을 스코틀랜드에서 왔다는 영어권 선생님이
지나가시기에 왜 저렇게 써 놨냐고 물어 보게 되었죠.

그 분, 아주 심각하게

"정말 문제에요" 하시는 거 아니겠어요?

제가 누군가 한 장난으로 여겼던 특별 게시판의 게시글은

세상에...
그 선생님이 문제가 심각하다며
직접 올려놓으신 게시글이었던 거였어요.
"방학동안 미리 공부하지 맙시다!"

요즘 아이들이
너무 빨리 배워가는 것을 염려한 선생님들이
의논해서 만든 게시판이었습니다.

나이보다 빨리 알아가는 것에 대한 염려의 당부게시판.

전 정말 너무나 놀라
그럼 방학 때 아이들에게 무어라 당부 하느냐고 물어 봤었죠.

열심히 놀고
많이 자고
건강하라고...

그리고 여건이 되면 여행들 다니라고...

심하게 혓바닥 굴리는 스코틀랜드 발음의 선생님과
몇 마디 나누고 돌아서는데 자꾸만 그 게시물이 눈에 아른거려...

우리나라 초등학교에 그런 게시물 붙여 놨다간...

선물 만들기

"엄마 나 오늘 마리' 선물 때문에 레오'집에 가기로 했어"

어릴 적부터 같은 학교에 다녔던 친구가
멀리 다른 나라로 떠나게 되어
친한 친구들끼리 선물을 하기로 했나봅니다.

"레오'집에서 만나서 다같이 가기로 했니?"
"어디로 갈 건데? 쿠담? 빌머스토퍼스트라쎄?"

전 당연히 선물'이라는 물건은 사야 된다는...
은연 중에 박혀 버린 고정관념 때문에

아이들이 만나서 같이 선물을 사러 가기로 한 줄 알았죠.

현관에서 신발을 신고 있던 소아
레오'라는 친구 집에서 만나기로 했냐는 제 질문만 듣고
그 뒤에 어디로 갈 거냐는 얘기는 듣지 못했는지

"응, 엄마 다녀오겠습니다. 이따 떠날때 전화할게"

늦가을이면 오후 3~4시쯤부터 어둑어둑해지는 독일 날씨
소아가 점심을 먹고 떠난지 한시간 밖에 되지 않았는데
벌써 어두워지기 시작하더군요.

한국처럼 핸드폰을 가지고 다니는 아이들이 거의 없는 독일이라
공중전화를 하지 않으면 연락이 되질 않는 상황이고...

오후 5시 소아가 집을 떠난 지 3시간쯤 후
별로 늦은 시간이 아닌데도 제 가슴은 타기 시작했습니다.

당연히 선물을 사러
11살밖에 안 된 작은 여자아이들끼리
사람들 많고 복잡한 서울의 명동거리인 쿠담'을 간 줄 알고...

그렇게 마음을 졸이며
한 시간이란 긴 기다림의 시간을 더 보냈을 때쯤

따르르르릉~~~~~~~

“나 이제 거의 다 끝나가니까 엄마 지금쯤
나 데리러 출발하면 될 거 같아”

너무나 천연덕스러운 소아의 목소리에
왜 이제야 전화 했냐고
얼마나 걱정을 한 줄 아냐고 따질 수가 없었습니다.

그저 걱정 하다 지쳐버린 목소리로

“어디야...?”

당연히 공중전화박스 근처 거리의 소음이 들려왔어야 할 텐데
여자아이들의 웃음소리와 재잘거림만이
지쳐버린 제 귀를 간지럽히고 있더군요.

“엄마, 내가 아까 레오'집에 간다고 했잖아”
갑자기 멍~ 해졌습니다.

“엄마 지금 떠날 테니 15분 후에 내려와”

쿠담'의 살짝 옆길에 살고 있는
국영방송국 프로듀서가 아버지인 레오'라는 친구의 집 앞에서
비상등을 켜고 친구들과 내려오는 소아의 모습을 보는데,

현관에 있는 으스름한 불빛 때문이었는지
반짝이는 영화에 나오는 한 장면처럼
뛰어내려오는 11살 난 소녀들의 모습은 아름다웠습니다.

그 순간 그 아이들이 왜 그렇게 아름답게 보였는지는
소아를 차에 태우고 집에 가는 길에 알게 되었답니다.

제가 걱정하는 시간동안
그들은 세상에서 가장 아름답고 소중한
선물을 만들고 있었던 거였어요.

그 완성된 선물을 들고 내려오는 길이었기에
그들의 얼굴이 그렇게 해맑고
신비롭게 빛이 나고 있었던 거였구요.

전 아마도 그동안 선물'하면
그저 돈'으로 사야하는 물건'으로 알고 있었나 봅니다.

그래서 소아가 선물을 만들러' 친구 집에 간다는
또렷한 발음으로 한 얘기를
선물을 사러' 친구 집에서 만나서 같이 가기로 한 거라고
제 박혀 있는 고정관념이
스스로 잘못 판단을 내려버린 것이었구요.

아무튼

엄마가 엉뚱한 일로 걱정한 것도 모르는 소아는
집에 오는 내내 자기네들이 만든 선물' 얘기를 하느라
집에 가서 빨리 그 선물을 보여 주고 들려 주고 싶어서
안달이 나있었습니다.

11살 난 소녀들이 모여서 정성스럽게 만든 선물은
비디오테이프와, 녹음테이프'이었습니다.
녹음테이프에는 떠나는 친구를 위해 작사 · 작곡을 한
어설퍼서 눈물 나는 아름다운 노래들이 들어있었으며,

비디오테이프에는 자기네들끼리 시나리오, 연출, 촬영,
연기까지 모두 제작하여 담은
세상에 하나밖에 없는
아름다운 드라마' 한 편이 들어있었습니다.

전 선물'하면 돈으로 사는 물건'인 줄 알았습니다.
아니 알았다기보다...

이렇게 할 말이 없어 말을 줄일 때가
전 가장 많이 배울 때랍니다.

나 과외 좀 시켜줘

"엄마 나 수학'과외 좀 해도 돼?"

독일 김나지움 9학년
우리나라 학제로 중3의 나이에 한국으로 돌아 온 소아,
한국에 있는 독일학교에 다니게 되었습니다.

같은 독일말로 공부를 하는 학교였지만
베를린 김나지움과 수업의 진도차이가 많이 났던지라
평소에도 수학'이 조금 약했던 소아, 며칠 학교를 다녀보더니
한국 애들이나 하는 걸로 알고 있었던
과외'란 것을 좀 하면 안 되냐는 것이었습니다.

전 소아의 입에서 과외'라는 단어가 나온 게 너무나 어색해서

그리고 한국에서의 독일학교라
과외' 선생님을 구해야한다는 것이 너무나 생소해서,

스스로 부족함을 느끼고 과외'를 하겠다고 하는 소아에게
선뜻 확실한 대답을 못하고 생각 좀 해보자고 했었죠.

며칠이 지났습니다.

"엄마 한 시간에 만 원이면 괜찮지?"

아직 생각 중이기만 했던 저에게 소아는
독일학교 수학 선생님에게 수업 후 과외'를 부탁했다며
한 시간에 만 원에 배우기로 했다고 했습니다.

혼자 배우면 돈이 많이 드니까
친구를 한 명 더 설득해서 둘이서 배우려 한다고도 했습니다.

그렇게 소아의 수학과외는 시작이 되었답니다.
어느 정도 독일 김나지움에서 나갔던 진도와
엇비슷해졌을 때까지요...

매 번 과외를 할 때마다
하얀 봉투에 만 원씩 가져가는 소아를 보면서,

가끔은 선생님이 시간이 없어 못했다며
다시금 들고 오는 만 원이 들어 있는 하얀 봉투를 보면서
한 시간에 만 원하는 과외' 시켜주는 것을
너무나 고맙게 생각하는 소아를 보면서

필요하다고 느꼈을 때,
스스로 자기 자신을 이끌어가는 모습이
시험점수 만점을 받은 것 보다
5만 배는 더 훌륭해 보였습니다.

프락티쿰 Praktikum

“난 오늘 보조개 수술 했다!
지난주에 했던 코 수술보단 괜찮았어.”

“참 별 걸 다한다. 난 하루 종일 냅킨만 접었는데...”

“애들이 말을 너무 안 들어
내일은 딴 방법을 써 봐야겠어”

“난 오늘 필름 시간만 재다가 끝났어.
내일은 기계 좀 만질 수 있었음 좋겠는데,
근데 영상실 언니들이
내가 키가 커서 나한테 자꾸만 존댓말을 써...”

"푸~하하하"
소아와 같은 반에 있는
한국 독일학교에 다니는 여자 아이들의 수다였습니다.

9학년
우리로 치면 중3 아이들의 프락티쿰'(실습) 기간이었죠.

아침 9시부터 저녁 5시까지 각자 장래 희망하는 일자리에 가서
미리 부딪치고 느껴보는 현장 실습.

일주일간 출 · 퇴근을 하면서...

희망이 굳어지는 아이들
희망의 장 · 단점이 보여 수정 보완하는 아이들
희망의 방향을 변형하여 살짝 옆으로 꺾어보는 아이들

그러면서 자신들의 미래를 다시 한 번 예측하고 느끼며
지금 하고 있는 공부에 중심을 확고히 하는,

이렇게 일주일간의 실습이 끝나면...

그 실습을 하면서 모은 자료들과 자신들의 직업관을
거의 몇 주 동안 돌아가면서 발표를 하게 되죠.

그 발표를 위한 준비과정이 얼마나 대단했던지는,

아이들의 발표려니... 하고 참석했던 발표회장에서
입이 떡' 벌어지고서야 알게 되었답니다.

그렇게 위에 있는 대화의 주인공들은
성형외과 의사를 꿈꾸는 아이
유치원 선생님을 원하는 아이
호텔경영인
영상인을 꿈꿔 볼까 하는 아이...

참 특이한 점이 아직은 어려서 그런지
자신들의 그 꿈에 부모의 영향이 꽤 크더란 겁니다.

의사를 꿈꾸는 아이는
현재 한국에서 외국인들을 위한 병원을 하는
아버지가 의사인 아이이고,

유치원 선생님을 원하는 아이는
그 아이의 엄마가 한국 독일학교의 선생님이시고,

호텔 경영인을 바라보는 아이는
아버지가 한국에 있는 유럽호텔 경영인이었으며,

영상인을 꿈꿔 볼까... 하는 아이는
아버지가 방송국 프로듀서더군요.

아무튼

낮 두, 세시...

친구들과 몰려다니며 공원이나 당구장에서
대화와 토론이 생활화된 이 아이들의 얘기를 듣다가
제 신경계를 건드린 얘기가 하나 있었는데,

"야, 나 오늘 주사도 놔봤다?
우리 독일에선 실습생들이
아무리 주사 놓는 거 완벽하게 배웠더라도
자격증 없는 우리가 사람한테 주사 놓으면 감옥' 가잖아.
근데 오늘 나더러 주사를 놓으래.
그것도 아무 것도 모르는 아주 작은 꼬마 여자아이한테 말이야.
말이 안 되는 것이 한국에선 말 되는 거 되게 많아. 그치?"

"......"

사는 방법이 달라서야

“엄마 우리학교 애들 요즘 담배 끊는 거 약속...”

소아의 말이 채 끝나기도 전에 놀라

“뭐? 그 나이 애들이 담배'를 피워?”

저의 동그랗게 뜬 토끼 눈에 더 놀란 소아

“그럼 애들 거의 다 피우지...
엄마가 아는 독일에 있던 내 친구들도 많이들 피웠는데”

소아가 한국에 있는 독일학교에 9학년
그러니까 우리네 학제로 중3을 다닐 때였습니다.

담배 냄새를 유난히 싫어하는 소아였던지라
같은 학교에 다니던 친구들끼리 약속을 해서
담배를 끊기로 하자 너무나 반가운 나머지
집에 와서 저에게 그 기쁜 소식을 전하려고 했던 말인데,

저는 그 나이 아이들이 담배를 피운다는 저에겐 특별한'
소아로 봐선 자연스러운' 사실을 몰랐기 때문에,
다들 피웠다가 담배의 안 좋은 점들을 느끼고
이제 끊으려 하는 무렵에야
그 반가운 소식'이 놀라움으로 받아 들여졌답니다.
그리고는...

"독일에선 누구? 누가 피웠었어? 엄마가 아는 애 누구?"

독일은 예비학교와 초등학교를 한 번 입학하면
김나지움' 들어 갈 때까지 7년 동안 같은 반이기 때문에,
그리고 한 반의 학생이 18명 정도이기 때문에,
거의 모든 애들의 집안 대소사까지 알 수가 있게 됩니다.

그러니 도대체 누가 그 어린나이 때부터 담배를 피웠는지
안 궁금할 수가 있었겠습니까.

소아의 입에서 줄줄줄 나오는 아이들의 이름을 들으며

"어머 걔도 피웠어?
맞아. 갠 어릴 때부터 좀 노숙하긴 했어.
아, 갠 충분히 그럴 거 같더라!"
별로 대수롭지도 않은 담배 피우는 얘길 한참을 하자
대수롭게 생각하며 얘길 꺼내려던 담배 끊으려는
금연' 얘기가 쏙 들어 가버린 소아
살짝 삐친 목소리로

"엄마 지금 우리 학교 애들이 담배 끊기 약속하고
열심히 지키고 있다니까 서로 벌금까지 걸면서...
그동안 애들 쉬는 시간에 담배 피울 때마다
그 냄새 때문에 내가 얼마나 싫었는데,
엄마는 하나도 반갑지 않아?"

그제서 조금 미안한 생각에

"그래 잘됐다. 엄만 그동안 몰랐잖아. 미리 얘기 하지 그랬어!"

평소에 모든 얘길 하는 소아였기에
전 그런 어마어마한 애들의 흡연' 얘기를
하지 않았다는 것에 잠시 흥분했고,

소아는 친구들의 흡연'이 별로 대수롭지 않았기에

이야기 하는 걸 잊어버리고 그냥 넘어간 것이었는데
엄마의 놀라는 모습에 더 놀라버린 소아

"엄마 애들 지네들끼리 술 집 가서 술도 마셔~"

그 순간 전 정말 기절하는 줄 알았습니다.
소아가 그런 아이들과 같은 학교를 다닌다고 생각을 하니
아니 그런 아이들과 친구'라는 표현을 할 정도라니...

전 언제나 종알종알 엄마에게 모든 얘기를 하는 평소의 소아'와
너무나 다르다는 생각에

"너 어떻게 그런 얘길 아무렇지도 않게 해?"

저의 생각과 달리
평소와 다를 게 하나도 없었던 소아

"엄마 나도 담배가 나쁜 거 알고,
술 마시는 거 우리나이의 몸에 안 좋고,
특히 위험한 술집 같은 데 가는 건 절대로 안 된다는 거 알아.
그리고 난 술, 담배 냄새도 싫어하잖아"

"너 근데 어떻게 그런 애들이랑 친구해?"

친구는 끼리끼리 논다는 박혀버린 우리네 고정관념에,

소아가 어떻게 자기랑 그렇게 다른 친구와
사귈 수 있는지가 궁금했다기보다,
그런 친구와 놀지 말았으면 하는 바람이
아마도 더 간절했던 질문이었던 거 같아요.

저의 그러한 간절한 바람을 알 턱이 없는 소아

"엄마 그 건 다 사는 방법이 달라서야"
마침 그 때 현관문 열리는 소리가 나고
"엄마 학교 다녀왔습니다!"
하는 용현이의 소리가 나지 않았으면,

전 또 소아를 붙들어놓고 친구' 사귀는 것에 관해
한 두 시간은 더 한심한 설교'를 했을런지 모릅니다.

그 날 밤 잠들기 전
아이들과 밤 인사를 나누고 잠자리에 들며,
때 마침 현관문을 열고 들어 온,
그래서 소아와 저와의 대화를
끊어지게 만들었던 용현이가 얼마나 고맙던지요.

사람이 다 다르니, 사는 방법도 다 다를 텐데...
그런 당연한 것도 모르고, 친구마저 가려 사귀길 바랬던

꽉 막힌 내 자신이 얼마나 한심해 보이던지

그 나이에 담배의 해로움을 스스로들 깨치고
친구들끼리 서로 규칙을 정해
벌금을 물고 도와가며 담배를 끊으려 하는
소아와 사는 방법이 조금만 다른 그 아이들이
얼마나 대견스럽게 보이던지...

"소아야~ 잘 자."

스페인어

"소아야, 큰일 났어.
너 들어가려는 한국고등학교엔 독어'도 불어'도 없대"

소아가 수학과 영어시험을 치르고
서울 외국인 고등학교의 입학 허가를 다 받아놓은 상태에서
한국 고등학교를 다니겠다고 했습니다.

이유는 외국인 고등학교에 입학하기 한 달 전쯤에 날아온
등록금 고지서를 보았기 때문이었죠.

"엄마 내가 바보야?
왜 이렇게 돈을 많이 내고 학교를 다녀야 해?"

대학까지 학비가 없는 나라인 독일에서 자라선지
그렇게 많은 돈을 내고 학교를 다녀야 한다는 사실이
도저히 이해가 가지 않았나 봅니다.

그래서 집 근처에 있는 한국 고등학교를 알아보다가
가깝고 남녀공학인 학교를 가서 입학허가서를 받게 되었지요.

그런데 글쎄 그 학교에선 제 2외국어로
소아가 할 줄 아는 독어'와 불어'는 없고
스페인어와 일어, 중국어가 전부라는 거지 뭡니까.

한국말을 읽고 쓰는 건 잘 하지만
한국 교과과목을 한 번도 본 적이 없기 때문에
한 번도 다녀보지 않은 한국학교를
그것도 고2, 2학기부터 들어가야 하는데...

가장 자신 있는 어학마저
소아가 점수를 딸 수 있는 과목이 없다니
전 맥'이 다 풀어져 소아가 실망할 것을 걱정하며
급하게 전화를 했었답니다.

"소아야 어떡해... 너 들어가려는 학교에 독어도 불어도 없대"

당연히 걱정하는 투의 목소리가 들릴 거라 예상을 하고

제 목소리까지 힘이 없어 꺼지고 있는데...

"야~ 잘됐다. 다른 나라 말 또 한 가지 더 배우네?
그럼 엄마 나 스페인어' 할래.
잠깐 잠깐 중국어도 하고 싶고,
일본어도 잼 있을 거 같은데... 어쩌지?"

사람들이 말을 합니다.
외국어는 한 가지만 잘 하면 다른 것들도 빨리하고 다 잘한다고...
그 한 가지가 소위 말하는 우리나라 말이 아닌 외국어라고...

또 다시 다른 한 가지 언어를 더 배운다고
전화선을 타고 들려오는
팔짝팔짝 뛰는 듯한 목소리를 듣는 순간

그 한 가지는 소위 말하는 외국어'가 아니고
모국어'가 아닐까 하는
예전부터 가지고 있던 어렴풋한 믿음에
확신이 생겼습니다.

엄마 나 뭐 될 건지 생각났어

"엄마 나 커서 바이올린' 연주 하는 사람 될까?"
"엄마 나 디자이너' 되고 싶어. 근데 신발' 디자이너 어때?"

"엄마 나 직업으로 말고, 모델' 같은 일도
한 번 정도 해보는 거 잼 있을 거 같아"

한 해 한 해 바뀔 때마다 소아의 꿈도 바뀌어만 갔었답니다.

그럴 때마다
"그래 그 것도 좋지.
엄만 네가 꼭 하고 싶은 일 하는 게 최고야"

그러던 어느 날

"엄마 난 도대체 뭘 하면 좋을까?"
그렇게 이거저거 꿈이 자주 바뀌던 아이가
조금 컸다고 현실적이 되어선지
자기한테 꼭 맞는 뭔가를 찾으려는 거 같았습니다.

그러다... 그러다...

독일을 떠나고
한국에 있는 독일학교를 1년 반 다니고,
캐나다에 있는 학교를 일 년 다닌 후
한국에 있는 외국인고등학교 입학 허가도 받은 상태에서
어차피 한국에 살건 데 한국고등학교를 다니겠다고 하여
집 근처에 있는 고등학교에 입학허가를 받고
드디어 고2, 2학기 첫 날 한껏 멋을 내어
예쁘게 교복을 입고 학교를 다녀왔습니다.

평소에도 왕수다인 소아'
처음으로 한국에서 고등학교란 곳을 다녀왔으니
얼마나 할 말이 많을까... 생각하고
소아가 학교를 다녀왔을 때 얘기 들어줄 각오로
시간을 아주 많이 내놓고 기다리고 있었지요.

그런데 딱 한마디

"엄마 나 앞으로 뭐 할 건지 생각났어.
아니 뭐 해야만 할지 생각났어!"
"나, 우리나라 교육을 책임지는 사람이 될 거야"

소아'의 몇 시간용 수다가
그 한마디에 모두 들어있는 듯 했습니다.

전 소아가 왜 그런 생각을 했는지 짐작이 갔지만
굳이 묻지 않았습니다.

어차피 한국교육에 적응을 하면서
조금씩 달라지고 변하면서
자기만의 색깔을 갖게 될 것이니까요.

그 날 이후 소아는 지금까지 한국고등학교를
너무나 열심히 잘 다니고 있습니다.

고등학교 시절이 너무 짧다면서 더 다니고 싶다면서요...

줄 때, 받는다

"엄마 나 지금 여기 홈플러스야"

학기말 시험이 끝나던 날
전 당연히 소아가 친구들과 영화를 보러 간다던가,
맛있는 것을 사먹으러 간다던가,
그것도 아니면 쇼핑을 갈 줄 알고 있었는데...

슈퍼'에서 시장을 보고 있다는 거였습니다.

그러면서...

"엄마 집에 나무로 된 밀가루 반죽 미는 거 있어?

참. 계란 거품 내는 거 왜 기계로 하는 거 말고,
손으로 돌리는 거...
아! 밀가루랑 그리고 지난번에 내가 캐나다에서 갖고 온 거
쿠키' 위에 장식하는 것들 아직 남아 있지?"

이것 저것 여러 가지 물품들을 한참을 물어보던 소아

"아냐, 아냐 됐어. 어차피 사두면 다 필요하고 쓰는 거니까
그냥 내가 살게"

어수선한 슈퍼의 소음 속에서도
할 말 다하고 전화를 끊었던 소아 저녁시간이 되어서야
양 손에 슈퍼의 무거운 비닐봉지를 들고서
낑낑거리며 현관문을 여는 거였습니다.

"이 게 다 뭐야?"

추워서 새빨개진 양 볼에 살짝 밝은 미소를 지으며
슈퍼에서 산 물건들을 부엌의 식탁 위에 좌르르 쏟아내는데

밀가루, 바닐라 향 가루, 베이킹파우더, 설탕, 버터, 계란,
거품기, …

그리고 쿠키' 위에 장식할 예쁜 장식용품들과
쿠키'를 담아서 포장할 비닐봉지, 장식할 리본들까지...

"엄마 이 거 다 사만 원이나 들었어.
요번 달 용돈 남은 거 다 써버린 거 있지"

소아의 한 달 용돈의 거의 반이나 되는 사만 원이란 말에 놀라
"뭐가 그렇게 비싸? 너 뭐 잘 못 산 거 아냐?"

"엄마는..." 하는 눈빛으로 목도리와 겉옷을 벗은 후
자기가 산 물건들을 하나씩 들어 보여주며

"설탕은 어차피 별로 몸에 안 좋은 거니까
제일 싼 회사 제품 걸로 샀고
밀가루는 쿠키용 밀가루가 따로 있기 때문에 그 걸로 샀으며,
또... 바닐라 향 같은 건
독일처럼 여러 가지가 있는 게 아니라 선택의 여지가 없었고
아!!! 맞다. 이 계란이 제일 비쌌다"

소아가 들어 올리는 계란을 봤더니
시중에 파는 계란 중 가장 비싼 회사의 제품으로,
그것도 쿠키에 필요한 건 두세 개면 되는데
30개나 되는 많은 양을...

"집에 계란도 몇 개는 있고 한데
왜 이렇게 비싼 계란을 많이 샀어."

30개나 들어 있는 큰 계란 통을 자랑스럽게 들더니...

"엄마 난 가둬서 키운 닭에서 나온 계란은 싫어.
친구들과 선생님들이 드실 건데
건강하게 뛰어다니는 닭들에게서 나온
싱싱한 계란으로 만들어야지.
그리고 30개나 산 이유는
10개보다 30개 사는 게 더 싸게 치더라고,
어차피 엄마도 계란 살 텐데 뭐... 이게 더 절약인 거지..."

전 잠시 살짝 감동'해 할 말을 잃었는데
소아는 바쁘다며 그 때부터 분주해지기 시작했습니다.

"엄마, 누나 성공했어."

연말이라 성탄전시 준비에 유난히 바빴던 날이라
그리 늦은 시간도 아니었는데 제가 살짝 잠이 들었나 봅니다.

누나'가 성공했다는 용현이의 목소리를 듣고 잠이 깼는데
곧이어 "용현, 엄마 주무시잖아. 조용히 해"라는
소아의 작은 목소리까지 듣고는
그냥 제가 조용히 그대로 잠이 깊이 들어버렸나 봅니다.

새벽 5시쯤 부엌에 켜 있는 불빛에 놀라 나가봤더니 글쎄

부엌의 오븐 앞에서 꼬박꼬박 소아가 졸고 있는 거였습니다.

그 오븐의 주위와 부엌의 식탁 위엔
하트모양, 별모양, 천사모양… 수백 개의 쿠키들이
하늘에 떠있는 별처럼 반짝반짝 빛이 나고 있었습니다.

"소아~ 너 여기서 밤 샜어?"

흔들어 깨운 것도 아닌데 깜짝 놀란 소아
시계를 보더니 더 놀라 오븐기를 열고
그 안에서 굽혀지고 있는 쿠키들을 꺼내서

"휴~ 난 또 다 탄 줄 알았네.
얘네들이 예민해서 13분에서 조금만 더 놔둬도 타버리거든."

새벽 5시 5분 마지막 쿠키'들을
오븐에서 꺼내는 순간이었습니다.

그 전날까지 모의고사'여서 며칠을 거의 밤잠을 설친 상태에서
그렇게 소아는 꼬박 밤을 새워 쿠키'를 구웠습니다.

그래서…
한 학기 동안 자기를 열심히 가르쳐 준 선생님들 한 분 한 분과
한국의 고등학교를 처음으로 다니면서
별 어려움 없게 친절하게 대해 준 고마운 반 친구들에게

예쁘게 장식하여 만든 쿠키'를 하나씩 선물했답니다.

"소아야~ 안 힘들어? 너 이렇게까지 할 필요없잖아"

꾸벅꾸벅 졸면서까지 쿠키'를 구웠던 소아가 애처로워
늦었다며 한 아름 쿠키'봉지를 들고 현관문을 나서는 소아에게
뭐 얻을 게 있냐고 한 마디 했더니
소아 늦어선지 간략하게 한마디 던지고 달아나더군요.

"엄마~ 쿠키' 만들면서 나는 다 얻었어."

뚫렸다고 다 좋은 건 아니야

"뚫렸다고 다 좋은 거 아니야"

며칠째 하수구의 물이 잘 내려가질 않아서
하수구 뚫는 액체를 샀습니다.

아이들에게 약 넣었다는 얘길 하고
한 시간 정도 하수구에 그 액체를 넣었더니

쫄쫄쫄쫄 내려가던 물이
쏴아~~~ 시원하게 내려가는 거예요.

며칠 동안 물이 잘 내려가질 않아 답답했던지라

소아와 용현이를 불러놓고 자랑스럽게

"야~ 뚫렸다.
엄마가 이제 뻥~ 뚫었어. 물 잘 내려가. 봐봐~"

물을 쫘악 틀어서 시원하게 내려가는 하수구 보며
용현이는 엄마가 무슨 마술이라도 부린 거처럼
신기하게 쳐다보더군요.

"누나 이제 진짜 잘 내려간다. 그치?"

용현이의 호들갑에 괜히 저까지 으쓱해 하며
저녁준비를 하러 부엌으로 가려는데 물소리가 끊어지며...

"뚫렸다고 다 좋은 건 아니야, 용현아"

"어? 이건 또 뭔 소리?"

왜 뚫린 게 다 좋은 게 아닌지 저까지 궁금해져
부엌으로 가려던 발길을 잠시 멈추고
두 남매가 나누는 얘길 듣게 되었습니다.

"용현아 며칠 전에 물이 잘 안내려가니까
용현이 물 많이 틀지 않고 조금만 틀어서 세수했지?
그래도 세수할 수 있었지?

지금 물 잘 내려간다고 콸콸 틀면 낭비잖아.
그니까 물 잘 안내려갔을 때 생각해서
예전처럼 너무 쎄게 물 틀고 그러지 마, 알겠지?”

“응 누나~”

전... 조용히 밥'하러 갔습니다.

그건 엄마 생각이지

"소아야, 용현이 너무 불쌍해 어떡해!"

언제나 저녁 6시면 집에 들어가서
아이들과 함께 저녁을 먹고 그날 있었던 일들을 얘기하고 하지만

가끔 기획전시' 같은 것이 있을 때는
6시 퇴근이 좀 어려워집니다.

그럴 때는 후다닥' 집으로 달려가
아이들에게 저녁을 준비해서 먹이고
다시 일을 하러 화랑에 내려오곤 하지요.

그런데 그 날은
일을 하다 보니 시간이 그렇게 흘러버렸는지 몰랐습니다.
저녁 8시가 지나서야 시계를 보고 놀라 집으로 달려갔더니
시험기간 이었던 소아는 피곤해선지
초저녁잠이 살짝 들어 있었고
용현이는 책을 보고 있는 거였어요.

"용현아, 너 배 안고파?"

책을 보며 태연하게 식탁 위를 가리키는데
그 위엔 일회용 야채죽' 그릇과 빵 봉지가…

일회용 야채죽은 데우지도 않고 그냥 따서 먹었으며
냉동실에 있던 빵은 혼자서 꺼내 녹여서 먹은 듯 했습니다.

너무나 미안한 마음에 열심히 책 보고 있는 용현이를 껴안고

"엄마가 시간이 이렇게 된 줄 몰랐어.
엄마한테 전화라도 하지 그랬어?"

용현이는 그저 평소처럼
엄마가 자기를 껴안는 정도로만 생각하는 듯 했습니다.

제가 너무나 미안해 하고 애타하는 걸 모르는 듯…

그 때 마침 잠에서 깨어난 소아, 눈을 비비며

“엄마 이제 왔어? 배고파” 하기에
급하게 저녁 준비를 해서 밥을 먹이고
다시 화랑에 내려와서 전시준비를 했습니다.
11시가 되어서야 일이 끝나 집으로 갔더니
용현이는 소아의 감독 하에
이' 닦고, 일기'를 쓰고 잠이 들었고,

소아는 시험기간이라 책상에 앉아 공부를 하고 있더군요.

긴 하루가 끝이 나고
씻기 전에 잠시 소아 옆에 앉아 있는데,

갑자기 조금 전 용현이가 혼자서 먹었던 차가운 야채죽과,
냉동실에서 꺼내 먹은 빵'이 생각나면서
혼자 먹었을 모습이 상상이 되는 데 얼마나 마음이 아프던지

엄마가 들어왔다고 잠시 쉬려는 소아에게
제 아픈 마음 얘길 해줬답니다.

소아'와 함께 나누고 싶어서...

그랬는데...

당연히 “정말 그랬어? 어떻게 불쌍해라” 라는
나와 같은 마음일 줄 알았는데

소아'의 한마디는…

“엄마 그 건 엄마생각이지.
용현인 자기가 불쌍하다는 거 생각 못했을 거야.
그냥 지가 먹고 싶은 거 찾아서 잘 먹어서
기분 좋았을 텐데… 왜 그래?”

갑자기 뒤통수'를 한대 텅~ 얻어 맞은 기분이 드는 것이

그날 밤 잠을 자려는 데 소아의 한마디가
계속 귓가에 웽웽 거렸습니다.

“엄마, 그건 엄마 생각이지…”

어른들의 앞서가는 생각이
오히려 아이들을 그렇게 만들고 있는 건 아닌지…

아이가 너무 편안해요

사랑스러운 소아가 9살이 되고,

성악전공에서 교회음악전공으로 바꾼 후
소아와 함께 한 6년 간의 제 공부가 끝났을 때,

그래서 아무런 부담과 스트레스가 없어졌을 때
용현이를 낳게 되었답니다.

둘째 아이는 초산의 예정일보다 더 일찍 나온다기에
예정일 한 달 전부터 친정어머니가 오시고
소아 때의 경험을 살려
병원 갈 만반의 준비를 끝내놓고 있었는데

예정일보다 일찍 나오는 건 고사하고
예정일이 일주일이나 지났는데도
아이는 나올 준비도 하지 않는 듯 했습니다.

예정일이 지나자 이틀에 한 번씩
조금 더 시간이 지나서는 하루에 한 번씩 병원에 가서
아이의 심장박동 체크 및 산모의 건강 체크를 했었죠.

오늘은 혹시나 나올까? 혹시나... 싶어서 선생님께

"언제쯤 나올 거 같아요?"

그럴 때마다 산부인과 의사 선생님은 웃으시며

"엄마 뱃속이 너무 편안 한가 봐요.
아이가 나올 생각을 안 하네요."

예정일이 지나자 배는 점점 더 불러오고
주위에선 다들

"저렇게 배부른 산모는 처음 봤어." 소리가 들리고...

그렇게 예정일의 2주쯤이 지났던 날 밤
드디어 책에서 나오던 이론 그대로
15분 간격 통증이 오기 시작하는 거였습니다.

현관 문 앞에 한 달 전부터 준비해 두었던 병원 갈 물건들을 들고
소아를 낳았던 베를린 자유병원에 달려가
다시는 잊어버리지 않겠다던 그 통증
다 알면서도 용감하게
또 한 번 더 경험하며 용현이를 낳았답니다.

57cm에 4.2kg
아이를 작게 낳는 독일 사람들에게
이렇게 큰 아이를 제왕절개도 하지 않고
순산한다는 것이 놀라웠던지
경험 많으신 연배의 의사선생님 연신...

"너무 수고 했어요. 정말 잘했어요."

칭찬의 소리가 아파서 정신이 없던 그 와중에도
귓전에서 기분 좋게 맴돌았었습니다.

하지만 그 칭찬의 소리는 그 때 그 순간동안만 감돌가다
기분 좋게 사라졌고,
용현이를 낳은 지 10년이 지난 지금까지 잊히지 않는 소리는

저의 순산을 처음부터 끝까지 도와주고
아이의 심장박동을 체크해주며 절 지켜줬던
너무나 가녀리고 예쁘게 생겼던 나이 어린 보조 산파의

"아이가 너무 편안하게 잘 있어요."
"아이의 심장박동이 너무나 편해요."

산모'와 똑같은 고통을 아이'도 겪으면서
세상으로 나온다는데,
아이의 심장박동 소리가 끝까지 편안하다는
나이 어린 보조 산파의 다독거림은

소아를 낳으면서 잊지 않겠다고 이를 물고 결심했던 아픔도
그 아픔을 알면서도 또 한 번 더 겪었던 아픔까지도
모두 잊게 만들어 주었을 뿐만 아니라

"아~, 아이를 낳으면 편안한 거구나."
라고 생각하게끔 까지 만들어 주었답니다.

그래서 그런지 세상 밖으로 나온 용현이는
제 배 위에 올려졌을 때, 처음부터 초승달 눈을 하고
절 바라보고 웃어주었습니다.

"거봐요. 아이가 너무 편안하게 태어나서
태어나자마자 웃잖아요."

하이톤으로 울리는 예쁜 보조 산파의 조잘거림이
아직도 제 귓가에 들리는 듯합니다.

그렇게 태어난 용현이의 눈웃음은

언제나 맑음'이었습니다.

눈웃음과 거지

"어머 어머 재 눈웃음 좀 봐"

태어나자마자 웃기를 먼저 했던 용현이의 초승달 같은 눈웃음은
무스를 바른 듯 한껏 치솟았던 머리카락과 함께
언제나 지나가던 사람들의 시선을 잠시 묶어두었답니다.

그 날도...

소아와 함께 아장 아장 걷기 시작한 용현이를 산책시키려
동네놀이터를 거쳐 시장이 열리는
쇼핑센터 근처를 서성이고 있었죠.

걷기 시작한지 얼마 되지 않은 용현이는
걷는 것이 신기하고 재미있었던지
매일 앉아만 있던 자신의 유모차를
양손잡이 지팡이인 냥 잡고서 걷기를 좋아했답니다.

그런 용현이를 앞장 세우고
소아와 전 뒤에서 그저 따라다니기만 했었죠.

"어? 어? 용현아~"

제가 잠시 길 건너편을 보고 있을 때
갑자기 소아의 숨죽인 듯 한 놀란 목소리

놀라 고개 돌린 그 곳의 용현이는

평소에 지나가던 사람들의 눈길을 묶어두듯
제 눈길을 옴짝 달싹 못하게 꽈악 묶어두었답니다.

잡고 걷던 자신의 유모차를 거리에 던져 두고

사람과 눈 마주칠 때 지어주던 용현이의 눈웃음에 반한
길거리 벤치에 앉아 있는
거지 알코올중독 할아버지의 뻗은 양팔을 향해
아장 아장 걸어갔습니다.

그리고는 그 거지 할아버지의 품에 안겨
세상에서 가장 행복한 눈웃음을 짓는 것이었습니다.

그 때야 알았습니다.

소아의 놀란 목소리가
왜 그렇게 자제하는 듯 숨죽인 목소리로 들렸는지를...

벌써 거지 할아버지의 온갖 손때를 다 탔던지라
게다가 너무나 행복해 하는 할아버지의 웃음'을 봤던지라

소아와 전 포기하고 그저 바라보고 있을 수밖에 없었답니다.

서로 눈을 마주치고 속으로

"으~ 집에 가서 철저히 씻겨야겠다." 하면서...

이케아 IKEA에서 길을 잃어버리다

이케아 IKEA' 스웨덴 조립식 가구회사 이름이지요.

처음 독일에 가서 학생 기숙사에 짐을 풀기도 전에
가장 먼저 갔던 곳이 바로 이 이케아'라는 가구점이었습니다.

대형 컨테이너처럼 생긴 파란색 직사각형 건물에
온통 형형색색 예쁜 가구들이
꼭 동화 속처럼 꾸며져 있는 게 아니겠습니까?

거기다가 그 때까지 가구'하면 비싸게만 느껴져선지
침대 하나에 우리나라 돈으로 오륙만 원

이불이 만 원, 이만 원
십 만원 정도대의 깔끔한 소파들,

그리고 그 많은 새로운 디자인의 학용품과 부엌용품들,
화분들, 각양각색의 인테리어 소품들....

전 정말 입이 쩍하고 벌어져서는
그 큰 대형 컨테이너 가구점을
놀이터마냥 좋아라 뛰어다녔었답니다.

그랬던 이케아

만 원짜리 빨래걸이에,

소아가 큰 다음엔 다시 조립해 책상으로 사용한
오만 원 짜리 아이용 침대,

방 안을 환하게 꾸며 주는
이십만 원 짜리 동화 속에 나오는 하얀 침대,

넘쳐나는 책들 때문에
손바닥에 물집이 박히도록 나사로 조립해야 했던
하나에 만 원씩 주고 산 이십 개의 책장,

형형색색의 학용품들, 포장지, 그릇...

이러느라 독일에 사는 동안 그 이케아'를
수십 번은 들락거렸나 봅니다.

그런 이케아'에서 어느 날...

"용현아"

온통 아이들 방으로 꾸며 놓은 공간에서
장난감 같은 책상의자에도 앉았다가
미끄럼틀도 타며 놀고 있던 용현이가 순간 보이지 않는 거였어요.

하지만 전 이케아' 안에서는 안전하다는 것을 아는지라
그렇게 놀라지는 않은 상태로 주위를 두리번거리고 있었지요.

10초 정도가 지났을까
건너편 주니어용 책상과 침대들이 전시되어 있는 곳에서
독일 아줌마의 손을 잡고 용현이가 걸어오고 있는 거 아니겠어요?

바로 코앞에서 벌어졌던 일이라
별로 놀랄 시간도 없었던지라
전 그냥

"용현아 거기에 뭐 재미있는 거 있었어?"

저에게 짧은 10초가 아직 2살밖에 되지 않은 용현이에겐
너무나 긴 시간이었나 봅니다.

두 눈에는 글썽이는 눈물을 애써 참느라 힘을 주었던 흔적이
아직 역력히 남아 있었으니까요.

"얘가 저더러 뭐라고 질문을 하는 거 같은 데 무슨 말인지..."

용현이의 손을 잡고 왔던 인상 좋던 독일 아주머님
독일 말을 한마디도 못하던 용현이의
한국말을 알아들을 수는 없었지만
뭔가 용현이의 표정이 심상치가 않자
바로 옆에 있던 동양인인 저에게
용현이를 데려다 준 것이었습니다.

전 따뜻한 미소를 지으며 용현이를 데려다 준 아주머님께
고맙다는 인사를 하고,
그 아주머님은 용현이에게 손을 흔들어 주고는
그 자리를 떠났었지요.

조금 안정이 되었던지 긴장했던 용현이의 두 눈이 풀려
다시금 초승달 눈웃음을 지으며 절 바라보기에...

조금 전에 독일 아주머님이 했던 말

"얘가 저더러 뭐라고 질문을 하는 거 같은 데
무슨 말인지…" 가 생각나
독일 말을 한마디도 못하는 용현이가
그런 다급한 상황에서 무슨 말을 했는지 너무나 궁금해졌어요.

"용현아~ 너 엄마 잃어버린 줄 알았어?
엄마 계속 여기 있었잖아.
근데… 있잖아… 너 저 아줌마한테 뭐라고 그랬어?"

두 살짜리 용현이의 키까지 제 자세를 한껏 낮추고
용현이의 눈높이에서 대답을 기다리고 있었지요.

언제 두려운 적이 있었냐는 듯
활짝 웃는 작은 초승달 눈웃음을 한 번 지어 보인 용현이,

"왜 아줌마는 우리 엄마 어딨냐는 내 말을
못 알아듣는 거냐고 그랬어."

캬~
우린 남의 나라말 못하는 게 뭐 그리 잘못되었다고
창피해 하고 주눅 들고 쭈뼛거리고 한마디도 제대로 못하는데

독일 말을 한마디도 못하면서도 당당하게
왜 내가 하는 한국말을 못 알아듣느냐고 따지는 용현이를 보며

무식이 용감하다고 해야 하는 건지...
모르는 게 약이라고 해야 하는 건지...

용기가 가상타 라고 해야 하는 건지...
자신감이 넘친다고 해야 하는 건지...

이케아'에서 집에 오는 긴 슈판다우어' 담 길을 달리며...

선생님들은 빨간 한문이 쓰여 있는 컵라면을 좋아한다?

용현이가 에버랜드'로 소풍을 간다고 하여
과자를 사러 슈퍼를 갔었습니다.

그런데 과자들이 즐비한 코너들은 그냥 지나치던 용현이
라면'들이 쌓여있는 곳으로 쪼르르 달려가는 거 아니겠어요?

한참을 두리번거리더니 빨간색 신라면'을 가리키며

"엄마 저거야 저거 빨간색에 한문 쓰여 있는 거"

"아~ 매울 신? 근데 저 건 뭐하게?"
끓여먹는 라면이 아니라,
물 부어먹는 컵라면을 세 개

그것도 작은 거 말고
꼭 큰 걸로 세 개를 사달라는 것입니다.

소풍을 가는데 컵라면으로 뭐 할 거냐고 물었더니…

선생님들이 지난 번 소풍 때 컵라면을 드셨다며
작은 컵라면을 모자라하셨으니
꼭 선생님들이 좋아하는 빨간색 한문이 쓰여 있는
큰 컵라면을 세 개 사달라는 것이었습니다.

너무나 심각한 눈빛으로 말하는 용현이를
어이가 없어 한참을 바라보고 있는데

"엄마 에버랜드'에도 뜨거운 물 나오는 거 있을까?
저번에 간 플레이타임'에는 있었는데…"

세상이 많이 바뀌었나 봅니다.

예전엔 선생님 도시락이 넘쳤었는데 이젠…

빨간색 한문 쓰여 있는 큰 컵라면 세 통을 들고
슈퍼를 한 바퀴 더 돌았습니다.

김밥 10줄 준비하려던 재료를 20줄 준비로 늘이려고…

다음 날 아침 선생님 도시락까지 준비하는 절

뭔가를 감시하듯 지켜보고 서 있던 용현이

빨간색 한문이 쓰여 있는 컵라면 세 개를 가슴에 안고는
혼자서 고개를 갸우뚱거리며 계속 쫑알거립니다.

"선생님들은 이 빨간색 컵라면 더 좋아하시는데..."

너무나 강한 의지와 믿음으로 종알거리는 용현이를 보다가
저까지 세뇌되어 김밥' 싸던 손을 잠시 멈추고...

"정말 선생님들이 김밥보다 컵라면을 더 좋아하는 거 아냐?
빨간색 한문이 쓰여 있는?"

책 한 권을 다 했어요

한국에 와서 어린이집이란 곳을 처음 다녀보는 용현이는
모든 것이 신기하고 재미있었나 봅니다.

저녁 때 용현이를 찾으러 어린이집에 가면
언제나 그 날 하루 있었던 일을 설명하느라
두 뺨이 다 상기되어 있었으니까요.

"엄마, 엄마 오늘은 선생님하고 게임을 했는데 내가 이겼다."
"엄마 애들이 글씨도 써"
"엄마 친구들하고 싸우는 거 나쁜 거지? 근데..."

그렇게 사회'란 것을 알아가는 것 같아

저까지 신기해하며 하루하루를 보내고 있었죠.

저의 어릴 때만 생각하고
주위에서 걱정하는 한글교육, 영재교육, 영어, …
하나도 들리지 않았습니다.

아니 듣지 않으려 애써 귀를 막기까지 했습니다.

괜히 저까지 숨이 찰까봐서...

그 결과 한국나이로 7살
어린이집 다니는 아이들의 거의 대부분은
한글을 모두 익혔고, 산수문제도 두 자리까지 푸는 것 같았는데
용현이는 한글은 커녕 숫자도 열까지 겨우 세는...

가끔씩 어린이집 선생님께서
걱정하시는 듯 한 말씀을 하실 때마다

"괜찮아요. 학교가면 다 배울 텐데요... 뭐
용현이는 그냥 어린이집에서 건강하게 잘 놀면 돼요"

그렇게 몇 달 어린이집을 다녔던 어느 날
여느 때처럼 용현이를 찾으러 어린이집에 갔더니

상기된 용현이의 양 볼'보다

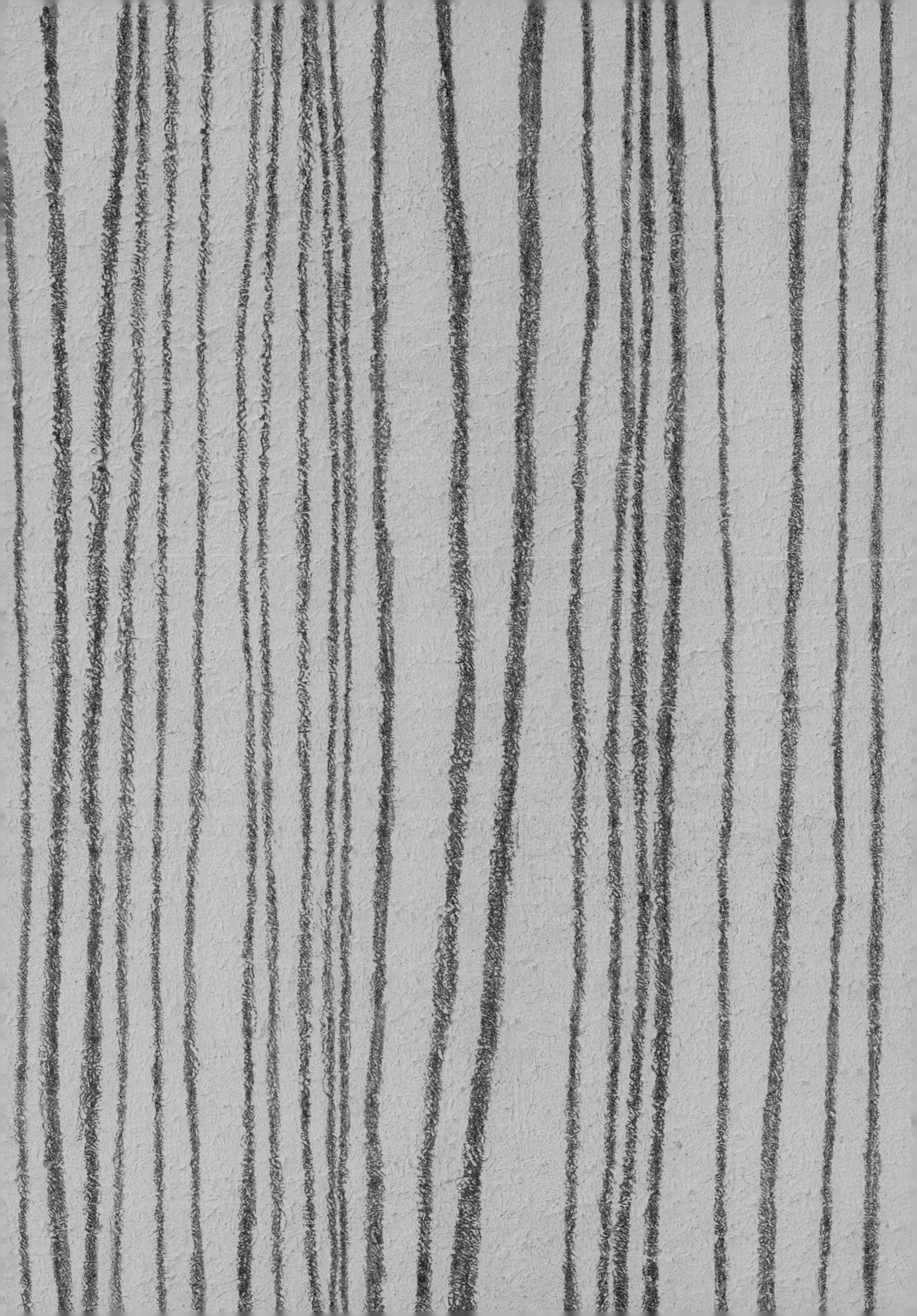

더 상기된 선생님의 꼭 볼터치'한 것만 같은
양 볼이 먼저 보이면서

"용현이 어머니 용현이가 글쎄 책 한 권을 다 풀었어요."

흥분해서 문제집 한 권을 들고
어린이집을 다다다다 뛰어나온 선생님의 말씀인 즉슨...

아이들이 공부하자'라는 말만 하면 모두들
몸을 비비꼬며 "으~ 아~..." 하는데,

공부란 걸 생전 안 해본 용현이
그리고 공부하는 걸 별로 중요시 하지 않은 엄마를 둔 용현이는,

그 공부'란 것이 너무나 재미있는 새로운 놀이가 되어
아이들 하루 종일 놀고 있는 동안
아침부터 저녁 때까지 꼼짝도 않고
한글 책 한 권과, 산수 문제집 한 권을 다 풀었다고 합니다.

너무나 재미있고 신기한 놀이를 하듯이...

나눠 먹으면 더 많이 먹게 된다

"엄마 오늘은 김밥' 싸가지고 가는 거였어."

아무렇지도 않게 말하는 용현이의·표정에 너무나 놀라
급하게 나온다는 말이 그만...

"너 괜찮아?"

유치원에서 놀이동산으로 야유회를 가는 날이었습니다.

예전 우리 어릴 때처럼
일 년에 한두 번 가는 소풍이나 야유회가 아니라
요즘 유치원들은 일 년에 대 여섯 번씩은

소풍과 같은 야외행사가 있는 듯 했습니다.

그래선지 매 번 소풍 때마다
집에서 점심을 준비하는 것이 아니라

유치원에서 단체로 점심을 준비 하는 거 같았습니다.

아이들은 단지 각자 자기 음식을 담을 빈 도시락 통과
수저만 가져 오면 되는 거였고요.

그 날도 전 그렇게 알고 놀이동산에 가는 용현이에게
빈 도시락통과 수저통 그리고 음료수 한 병을 넣었더랬습니다.

그런데...

그 날은...

다른 날과 달리
집에서 정성껏 준비한 김밥을 가지고 가는 날이었던 거예요.

그러니 그 얘기를 듣는 순간 제가 얼마나 놀랐겠습니까?

다른 아이들은 도시락 통을 열었을 때
정성껏 준비해 온 예쁜 김밥들이 들어 있었을 텐데
우리 용현이만 황당한 빈 도시락이...

그래서 그 얘기를 들었을 때
순간 너무나 황당하고 안타까워 급하게 나온다는 말이

"괜찮아?" 였던 건데
용현이는 아무렇지도 않게

"엄마 나눠 먹으니까 더 많이 먹게 돼"

용현이는 빈 도시락의 창피함도 없이
아이들이 김밥을 하나씩 줘서
자기가 김밥을 싸가지고 갔을 때 보다 더 많이 먹었다며

그리고...

아이의 황당했을 빈 도시락 통이 자꾸만 눈앞을 찔러
너무나 미안해 하고 있는 제 목을 껴안고는

"엄마 다음부터 선생님 말씀 더 잘 들을게
내가 엄마한테 제대로 말 안 해줘서
엄마가 김밥 싸는 거 모르게 된 거 미안!"

공기놀이와 자신감

"엄마 난 왜 공기놀이'를 못하지?"

유치원을 다녀 온 용현이
현관에 선채로 방에 들어 올 생각도 않고
공기놀이를 못한다며 심각하게 말하는 거였어요.

"일단 들어와서 애기해, 용현아."

전 순간 좀 웃기기도 하고 별로 대수롭지 않게 생각해
어서 집에 들어와 씻기고 밥을 먹이려고
용현이의 팔을 잡아당기는데

망부석처럼 그 자리에 꼼짝도 않고 서 있는 용현이

"엄마 나랑 지금 공기'사러 내려가자!"

그 때 용현이와 저의 실랑이 하는 소리를 듣고
궁금해서 현관으로 나오신 할머니

"사내 녀석이 무슨 공기야. 어서 들어와 저녁먹자. 용현아"

그 때 전 흘깃 보았습니다.
용현이의 뭔가 결심한 듯 한 비장한 표정을

그러더니 곧...

"엄마 남자는 공기'하면 안 되는 거야?"

그 때까지 주위에서 공기놀이 못한다고
실망하는 아이를 본 적이 없었기에
또 남자아이가 공기'를 하겠다고 하는 아이도
본 적이 없었기에 잘 몰라서 그냥

"왜 안 돼? 뭐 든 다 잘하면 좋은 거지."

엉겁결에 한 말이었는데
그 순간 용현이의 얼굴엔 화색이 돌더니
급기야 그 작은 눈이 한껏 웃은 눈웃음 때문에
거의 보이지 않을 정도가 되었습니다.

"그럼 엄마 나도 열심히 연습하면 잘 할 수 있는 거지?
뭐든지 열심히 하면 다 잘 할 수 있다고 엄마가 그랬잖아. 그치?"

그날 저녁 전 용현이와 늦은 저녁을 먹을 수밖에 없었습니다.

현관에 서 있던 용현이를 방으로 데리고 들어 와
할머니의 말씀대로 빨리 밥을 먹이기는 커녕,
잽싸게 옷을 갈아 입고
용현이가 서 있는 현관으로 달려 나갔으니까요.

그리고 용현이의 손을 잡고 문방구에 가서
색색깔 너무나 예쁜 공기를 한 움큼' 사가지고 집으로 왔답니다.

그 날 이후 용현이는

"엄마 뭐든지 열심히 하면 다 잘 할 수 있는 거지?"라는 말을
하루에도 수차례 저에게 해대며
자기 스스로에게 다짐을 하는 거 같았습니다.

그럴 때마다 그냥 전 무심코

"그럼 뭐든지 열심히 노력하면 다 잘할 수 있는 거지."

그러기를 한 달 쯤?

용현이를 찾으러 유치원에 가서

예쁘게 장식되어 있는 유치원의 창문 앞에 주차를 하는데
살짝 열려진 창문으로
아이들의 왁자지껄한 소리가 나는 거였어요.

전 그냥 아이들이
"뭔가 상당히 재미있는 놀이를 하고 있나보다…" 하고
주차를 한 후 유치원으로 들어갔습니다.

여느 때처럼 유치원 현관에서 "용현아~" 하고 불렀더랬지요.

긴 생머리의 예쁜 유치원 선생님
아이들과 흥분해서 노느라 상기된
뽀얀 복숭앗빛 양 볼을 하고 나오셔서
저더러 빨리 안으로 좀 들어오라는 거였어요.

영문을 몰라 대강 신발을 벗어 던지다 시피하고
스르르윽~ 열리는 유치원의 미닫이문을 열고 안으로 들어갔지요.

그 안에선 아이들에게 삐잉~ 둘러싸인 용현이와
머리장식을 예쁘게 한 여자아이가 마주보고 앉아서
공기놀이'를 하고 있는 거였어요.

다른 아이들은 그 두 아이를 응원 겸 구경하는 듯
재미있어 하며 둘러싸고 있었고요.

엄마가 온 줄도 모르고 1단, 2단, 3단, 4단, 마지막 5단까지
마치 공기마술을 부리듯 해대는
용현이의 고사리 같은 손을 보는데
갑자기 아주 감동적인 영화를 보는 것과 같이
가슴이 뭉클했습니다.

하지만 유치원에서
공기놀이'를 제일 잘 하는 여자아이의 실력엔
용현이의 한 달 여 남짓하던 연습기간은 역부족이었던지
한두 점 정도의 점수 차이로 지고야 말았습니다.

아이들을 찾을 시간이 되어 여러 명의 학부모가 오고
아이들은 자기 물건들과 책가방을 챙기느라 분주하고...
평소에 용현이를 너무나 잘 이해하는 유치원 선생님들과
멀리서 눈웃음을 나눈 뒤 유치원을 빠져나왔습니다.

집에 돌아오는 길
전 용현이가 그렇게 많이 연습했는데
그래서 그렇게 공기놀이를 잘 하게 되었는데도
여자아이와의 시합에서 진 것이 마음에 걸려
아니 전 그 정도만 가지고도 너무나 기특하고 만족하지만
용현이가 실망했을까봐...

그런데 안전벨트' 맨 것을 확인하느라,
뒤에 앉은 용현이를 바라보는데 표정이 너무나 밝아
"이상타..." 하는 생각에 조심스레 물어봤답니다.

"용현아~ 너 00한테 공기놀이 져서 섭섭하지?"

운전을 하던 중에 한 질문이었으므로
룸미러'로 용현이의 표정을 살피며 물어봤었지요.

너무나 밝고 자신감 넘치는 표정의 용현이
"왜? 나 하나도 안 섭섭한데?
엄마가 뭐든지 열심히 연습하면 다 잘 할 수 있다고 그랬지,
일등 한다고는 안 그랬잖아.
나 엄마말대로 공기놀이 이제 진짜 잘하게 되었지?"

룸미러로 용현이의 표정을 살피려 실눈'
이 되어있던 제 두 눈
용현이의 대답을 듣는 순간

"어머나?" 하는 동그란' 눈이 되었습니다.

그 일 이 있는 후 용현이는
무언가 새로운 것을 접할 때마가
무엇이던지 열심히 하면 다 할 수 있다는

자신감이 생긴듯 했습니다.
그 자신감은 최고에 도달하는 것이 아니라,
스스로 만족할 수 있는 목표에 도달하는 거였답니다.

70'이라는 점수는...

"엄마 나 70'점 받았다"

70점 받은 받아쓰기 시험지를 펼치며
너무나 떳떳하고 자신감 있게 말하는 용현이를 보고
전 순간 할 말을 잃었습니다.

그 뒤에 있던 100점 받은 산수 시험지는
별로 대수롭지도 않게 구겨져 있더군요.

"용현아 70점 받은 게 뭐 그렇게 자랑스러워?"

어차피 학교 가서 다 배울 거라며 기역 니은도 가르치지 않고
초등학교에 입학을 시켰던지라

받아쓰기 시험에 별로 연연해 하지 않았지만
70'점 받은 걸 100점' 받은 산수 시험보다
더 자랑스러워 하는 거 같은
용현이의 태도가 너무나 궁금했던지라 물어보게 된 것이었지요.

"엄마 100점이 제일 높은 점수지?"

"(자신감 있는 목소리로) 근데?"

"그럼 0점이 제일 낮은 점수고?

"(조금은 주눅 든 목소리로) 근데..."

"그럼 50'점이 중간인데, 70'점이면 잘 한 거잖아"

"......."

분단장이 되고 싶은 이유

용현선생님 : 용현이 어머니 오늘 학교에서 반장을 뽑았는데
다른 아이들은 모두 반장하겠다고 손을 들었는데
용현이만 손을 안 들었어요. 혹시... 왜 그런지 아세요?

엄마 : (뭐 그럴 수도 있지... 하는 듯 한 목소리로) 예에.
집에 오면 한 번 물어볼게요.

용현 : 학교 다녀왔습니다.

엄마 : 용현아. 너 오늘 학교에서 반장 뽑는 거 했었지?

용현 : 응 엄마 나랑 제일 친한 00이가 반장됐어.

엄마 : (조심스럽게 모르는 척하며) 애들이 다들 반장' 같은 거
하고 싶어 하디?

용현 : 응. 다 손들더라?

엄마 : 그래? 너도 손들었어?

용현 : 아니 난 손 안 들었어.

엄마 : (부담스러운 질문을 하기 전에 먼저 대답해 주기를 바라며)
"……."

용현 : (씨익 웃으며)
엄마 나 분단장' 하겠다고 해서 분단장' 됐어. 잘 됐지?

엄마 : (너무나 궁금한 나머지 참지 못하고) 왜?

용현 : 내가 우리 반 전체 다를 어떻게 하는 건 너무 힘들고
우리 분단만 잘 이끌 수 있을 거 같아서...
나 분단장 되었으니 내일부터 조금 더 일찍 학교 가야 돼.
애들 숙제한 것도 챙겨야 하고
클립'같은 것도 사서 애들 거 정리해야 하고
음... 그리고 또 뭐 준비해야 하지...

신기한 그림책

"엄마 나 이 그림책 사 줘"

한국 와서 처음으로 용현이와 서점에 갔던 날이었나 봅니다.

우리나라 나이로 6살
한국말은 잘 하지만 한글은 거리의 간판도
그림으로 상상할 수밖에 없던 시절

서점에 데려가서
재미있을 거 같은 그림책 한 권을 사주겠으니
용현이더러 골라 보라고 하고
저는 제가 보고 싶은 책을 보고 있었지요.

그림책 코너에서 두리번두리번 거리며
몇 권의 책을 뒤적이던 용현이

조금은 두껍고
아이들의 그림책치고 조금은 작은 듯 한 책 한 권을
자랑스럽게 들고 오더니

"엄마 나 이 그림책 살래!"

용현이의 손에 들려 있는
그림책 치곤 사이즈가 조금 이상하던 그 책은 바로
어린이용 한자사전'이었습니다.

한글을 하나도 모르는 용현이의 눈에
어린이용 한자사전은
평소에 용현이가 보던 그림책과는 다른
아주 특이하고 멋진 그림책이었던 거였지요.

그 날부터 용현인 너무나 신기하고 멋진 그림책을
하루에 한 번씩 보는 것이 습관이 생겨
한글의 기역 니은도 모르는 아이가
아니 기역 니은을 몰랐기 때문에,

어린이사전에 나오는 모든 한자를 모두 읽을 수 있게 되었답니다.

和

멋지고 신기하고 특이한 그림을 그리듯
한자를 그리고 놀면서…

목조르기'가 뭐야?

"엄마 목조르기'가 뭐야?"

용현이가 초등학교를 입학한 며칠 후 학교를 다녀오더니
너무나 이해가 안 간다는 듯 한 작은 눈빛으로
저에게 한 질문이었습니다.

"뭐? 목조르기? 그런 말을 어서 봤어?"

아이의 입에서 너무나 험악한 단어가 나와서
그리고 그 말의 뜻도 모르고 물어보는 아이가 이상해서
전 난폭한 이상한 만화'책 같은 걸 보고 온 줄 알았습니다.

"어떤 아줌마가 나더러 자기 아들 왜 목을 조르냐고 그러잖아.
목을 조르는 게 뭐야?"

그제야 약간은 이해가 가서
멀뚱멀뚱 의아해하며 서 있는 용현이의 키에 내 몸을 맞추느라
반은 무릎을 꿇은 상태로 용현이의 양 손을 잡으며

“너 그 친구한테 어떻게 했을 때
그 친구 엄마가 너한테 그런 얘기 했었어?”

전 용현이가 유난히 정이 많고
그렇게 정이 많은 만큼 표현을 잘 하는 것을 아는지라
어느 정도는 짐작을 하고 물어봤습니다.

아니나 다를까...

“나? 그냥 친구랑 같이 걸어가면서 어깨동무했지”

나 참...

보기에 따라서 어깨동무를 하면서 끌어당기는 것이
보호본능이 앞선 엄마의 눈엔 목을 조르는 걸로 보였나봅니다.

그래서 아이에게 목조르기'라는 끔찍한 단어를 말하고
그래서 아이는 목조르기'라는 단어를 알게 되고,
그 목조르기'가 어떻게 하는 건지 궁금해서 알려고 할 것이며,
앞으로 그러한 목조르기'가 어떠한 상황일 때 행해지는
행동이라는 것도 알게 될 것이며...

너무나 끔찍해 전 그냥...

"용현아... 있잖아... 네가 친구가 좋아서 하는 행동들
껴안고... 어깨동무하고...
그 행동을 좋아서 하는 거라고 진심으로 아는 친구들한테만 해.
네 표현을 이해 못하는 친구들한테는 앞으로 하지 마. 알았지?"

친구 엄마의 호통'이 예사롭지 않았던지
용현인 제대로 이해가 다 안 된 표정이었음에도 불구하고
고개를 끄덕거리며 알았다고 말하더군요.

전 더 이상 아무 말도 할 수가 없었습니다.

이렇게 하나하나 배워가는 건 아닐 텐데.... 말입니다.

떡, 식혜, 이천원 그리고...

"저... 용현이 어머님이시죠?"

허걱' 소리가 저절로 나왔습니다.

우리 애가 잘못한 것도 없는데
학교라며 전화가 오면 괜히 긴장하고 겁부터 나서는
허걱'하는 마음의 소리 내지는
가끔 가다가는 딸꾹질'이 나오기도 하지요.

봄이었는데 꽤 더운 날씨였습니다.

학교에서 바자회'와 발표회'가 같이 있어서

사람들이 많이 몰려들어 더 덥게 느껴졌었나 봅니다.
발표회'의 아이들 장기자랑을 구경하고
어머니들이 팔고 있는 떡이며 음료수를 조금 사먹고
학부모와 아이들 얘기며 사는 얘기들 조금 하다가,

용현이는 방과 후 컴퓨터 특별활동' 수업이 있다고 하여
저만 먼저 집으로 돌아오게 되었죠.

그런데 컴퓨터' 수업이 끝났을 시간 쯤
컴퓨터 선생님한테서 전화가 걸려온 거였어요.

담임선생님도 아니고 방과 후 특별활동 선생님이 무슨 일로...

20대 중반으로 들리는 여자 선생님의 맑은 목소리에서
살짝 조심스러움이 느껴졌습니다.

"저... 용현이가..."

그럴 때의 몇 초는 왜 그렇게 길게 느껴지는지
그렇다고 선생님한테 뜸들이지 말고
빨리 말씀하시라고 할 수도 없고

"떡'하고 식혜'를... 아이에겐 너무나 큰 돈이라...
이천 원은 할 텐데..."

용현이, 떡, 식혜, 이천 원…
앞뒤가 잘려진 이 단어들을
다시 나열하여 잠시 정리하고 있는 순간

"전 이런 거 받아 본 적이 처음이라 너무 고마운데
그 전에 아이한테 너무 큰 돈이라…"

그제야 알 거 같았습니다.

용현이는 바자회'에서 팔고 있는 떡'과 식혜'를
컴퓨터 선생님한테 드시라고 사드렸고,

담임도 아닌 특별활동 선생님이라
그런 거 받아 본 적이 처음이었던 선생님
그것도 초등학교 1학년 아이한테서…

처음엔 너무 고맙고 감동했다가
아이한테 너무나 큰 돈이라고 생각하니
부모님에게 알려야 할 거 같아
이렇게 어쩔 줄 몰라 쩔쩔매며 전화를 한 것이었습니다.

그 순간
용현이의 성격을 아는 저로선
그날 아침에 줬던 일주일치의 용돈 이천 원이 떠오르면서
입가에 엷은 미소가 지어졌는데,

고마움과 걱정스러움에 전화를 하신 선생님에겐
뭔가 확실한 대답을 드려야 할 것 같아서
용현이가 곧 집에 들어오면 물어보고 전화를 다시 해주기로 하고
안심을 시켜드리고 전화를 끊었습니다.

저 혼자 웃음이 나와 한참을 웃었습니다.
뻔한 질문이었지만 집에 돌아 온 용현이에게 물었습니다.

"용현아 너 컴퓨터 선생님한테 뭐 사드렸니?"

엄마가 그 걸 어떻게 아냐는 듯 한 멀뚱한 눈빛으로

"응 떡'하고 식혜'하고 사드렸어.
나 오늘 아침 일주일 용돈 받았잖아."

일주일치 용돈 다 써버렸는데 아깝지 않냐고 했더니

"선생님이 우리한테 너무 고맙게 컴퓨터를 잘 가르쳐 주시잖아.
일주일 동안 내가 간식 안 사먹고 참으면 돼!"

씨익~ 웃는 용현이의 초승달 눈웃음을 보고 있자니

쩔쩔매며 아이의 고마움과 걱정스러움을 담아 보내던
컴퓨터 선생님의 맑은 목소리가 들려오는 듯 했습니다.

용현이가... 떡... 식혜... 이천 원... ^^

악보'를 보지 못하는 아이

"어?"

가보트' 바이올린 곡을
페달에 발도 닫지 않는 오르간에 앉아 뚱땅거리던 용현이
갑자기 오르간 의자에서 벌떡 내려와 거실로 가더니
가보트'곡 CD'를 듣는 거였습니다.

전 그냥 자기가 치고 싶은 곡을
듣고 싶어서 그런가 보다...하고
무심코 지나쳤었죠.

부엌에서 일을 하고 있는데
왔다갔다 하는 용현이의 분주한 모습이 이상한 거예요.

"용현아 CD'를 듣던지 오르간을 치던지 한 가지만 해.
왜 그렇게 정신없이 왔다갔다 거려?"

CD'를 듣다가 다시 오르간을 치러 방으로 들어가려던 용현이 갑자기 멈칫하며 절 바라보더니 한 번 씨익 웃어 주고는 다시 방으로 들어가 바이올린 곡을 오르간으로 치는 거였습니다.

아무래도 수상해 방으로 들어가 봤었죠.

제가 들어 온 것도 모르고 열심히 뚱땅거리던 용현이 갑자기 또 오르간 의자에서 풀떡 뛰어내리더니 뒤에 있던 절 보고 멈칫 하는 거 아니겠어요?

"야 너 왜 그래?"

그 때서야 알았답니다.

오르간 보면대 위에 악보'가 없다는 것을...

그리고 악보'가 있었어도 별 소용이 없었다는 것을...

용현이는 악보를 보지 못하는 거였습니다.

아니 악보를 이론적으로 볼 줄은 알지만 그래서 음악 필기시험을 볼 때는 별 지장이 없지만 악보를 보고 연주'를 하지는 못하는 거였지요.

그래서 오르간'과 CD' 사이를 왔다 갔다 했던 것이

시디'에서 흘러나오는 멜로디를 듣고
그 걸 외워서 들은 대로 오르간을 연주하느라
그렇게 분주하게 왔다갔다 하는 것이었습니다.

용현이도 소아 때와 같이
제 전공이었던 음악교육을
제가 먼저 알아서 시작해 주질 못했답니다.

동네 아이들이 모두 피아노를 배운다며
바이엘 책을 들고 다니는 것이 부러웠던지,

집에 있는 오르간'을 혼자서 뚱땅거리기를 서너 달
다니고 있던 동네유치원에서 피아노도 하니
좀 가르쳐 달라고 하여 피아노를,

초등학교 1학년에 입학하고 1년이 거의 지나 학교 학예회발표 때
방과 후 학교에서 하는 바이올린을 배웠던 아이들이
연주하는 것을 보고 부러웠던지

그 것도 좀 가르쳐 달라고 하여
학교에서 실시하는

방과 후 바이올린 교습을,
저의 무심한 음악교육은 그렇게 시작이 되었던 거였습니다.

그냥 재미로 취미로 하나의 놀이로...

사실 그 날 악보를 보지 못한다는 것을 알기 조금 전
좀 이상타 하는 걸 느낀 적이 몇 번 있긴 했었답니다.

독도는 우리 땅'이라는 노래를 단조'로 바꾸어서 칠 때,

하나의 멜로디만 주어지면 왼손으로 화음을 넣기 시작할 때,

낮에 봤던 만화영화에 나왔던 곡들을
저녁 때 그대로 연주했을 때,

반년 정도 배운 바이올린을
학교 학예회에서 연주를 한다고 했을 때,
보면대에 악보를 올려 놓고 연습을 하는 적이
없다는 걸 알았을 때,

그 것이 외워서라는 것이 아니라는 것을 어렴풋이 알았지요.

음악학원에서 악보보기'를 먼저 배우기 전에
오르간을 바이올린을 연주 하고팠던 마음이 너무나 강했던
용현이의 청각'은 그렇게 발달이 된 것이었습니다.

소아 vs. 용현(첫사랑)

배우고픈 갈망이 강한 만큼 딱 그만큼.
"엄마, 애야"

예비학교를 마친 소아
한 학급의 18명 중 이중언어' 학교를 계속 다니기가
힘든 아이들 6명이 빠지고
남은 아이들만 1학년으로 진급하게 되었습니다.

같은 학교였지만
유치원 식이었던 예비학교와 초등학교는 달랐던지라
입학식이란 걸 다시 하게 되었죠.

큰 고깔모자에 달콤한 사탕과 초콜릿들을 잔득 담은 아이들이
학교 앞에 하나, 둘씩 모여들기 시작했습니다.
물론 소아도 큰 책가방과 소아키의 삼분의 이'나 되는,
과자가 가득 담긴 고깔모자를 들었지요.

"엄마, 얘야"

차에서 내린 소아 갑자기
그 무거운 가방과 고깔모자를 들고
마구 달려가더니
자기보다 머리하나가 더 큰 남자아이의 팔을 잡으며
저에게 이 아이라고 가리키는 거 아니겠어요?

영문을 몰라 두 눈을 둥그렇게 뜨고 있는 저와
더 놀란 남자아이의 부모

"엄마, 얘가 플로리안'이야"

그 얘길 듣는 순간
전 제 얼굴이 다 빨개져 어쩔 줄을 몰라 하는데
태연한 소아는 플로리안'이라는 아이랑 얘기를 나누고
그 부모에게 인사까지 하더군요.

마침 입학식이 시작된다는 안내방송이 나오고

교문 앞에서 서로 인사를 나누며 서 있던 학부모들
웅성웅성 행사장으로 향하고

영문을 몰라 머쓱하게 서 있던 플로리안'의 부모와 저희들
여전히 수다를 떠느라 정신이 없는 플로리안과
소아를 앞장 세우고 아이들 얘기를 하며
입학식장 안으로 들어갔답니다.

소아가 그 무거운 책가방과
자기키의 삼분의 이나 되는 고깔모자를 들고서도
너무나 반가움에 마구 뛰어 가서 밝게 불렀던 아이
플로리안'

플로리안'은 방학 내내 소아가 저에게 말해 줬던
소아가 좋아한다는 남자아이였습니다.

입학식이 진행되는 내내
앞자리에 앉아서 행사진행을 열심히 듣고 있는
소아의 뒷모습을 보는데

갈래머리를 하느라 탄 가르마의 정수리 부분이
너무나 예쁘고 당당하게 보였습니다.

용현이의 ...

"안녕"
용현이가 초등학교엘 입학하고 처음으로
학예회'라는 걸 하게 되었습니다.

한 학기 동안 특별활동 시간에 배운
바이올린, 발레, 고전무용, 태권도 등등...

물론 많은 부모들이
자기 아이의 공연을 보러 학교 강당에 모여 들었죠.

저학년들부터 차례차례 순서대로 공연은 시작되었고...

"엄마, 재가 해기'야"

발레공연을 하는데 유난히 몸이 가냘프고
야리야리하게 생긴 여자아이를 가리키던 용현,
그 여자아이가 바로 해기'라 하더군요.

"엄마 나 해기'란 여자애 예쁘고 좋더라!" 라는 애기를
같은 유치원 다닐 때부터 했었기에
전 또 어떤 여자아이가 우리 용현이 취향인가... 싶어
열심히 쳐다봤었죠.

가냘픈 몸매에 여자다운

용현이에 비해 조금은 노숙한 여자아이였습니다.

"요놈 봐라... 요것도 남자라고
소위 말해서 여성스럽고 예쁜 여자를 좋아하네..."

발표회'는 끝이 났고
아이들은 각자 자기 부모들과 함께 집에 가려 책가방을 챙겨서
강당에서 내려오는데
어? 반대편에서 용현이가 좋아한다는 해기'란 여자아이가
혼자서 걸어오는 것이 보이는 거 아니겠어요?

제가 다 반갑고 흥분되어

"야! 용현아 저기 해기 온다."

"……."

"저기 오는 애 해기 아냐?"

"……."

아이는 벌써 서너 발자국 앞으로 다가왔는데
전혀 아무런 반응이 없는 용현이

전 다급한 나머지 작은 소리로
"야! 너 뭐해?"

"……."

살짝 양 볼이 붉어진 여자 아이를 보는 순간

"야 너 아는 척 이라도 해야지?"

순간 느낀 건데 제가 보기에
그 여자아이도 용현이를 의식하고
쭈뼛거리는 듯하다 눈치였습니다.
그런데 글쎄 당사자인 용현인
자기가 그렇게 좋아한다는 여자아이가 다가오는데,

지나가는 강아지' 쳐다보듯 하면서
오른손을 아래에서 슬쩍 흔들며 무뚝뚝한 목소리로...

"안녕"

자기가 좋아하는 여자 아이라며
저한테 얘기해주고, 그 아이의 좋은 점을 얘기해대던 용현이가,

정작 그 아이 앞에서 별로 관심도 없는 척 하는 것을 보면서,
그래서 여자 아이의 더한 관심을 끄는 것을 보면서,

여자'임에도 불구하고
자기가 좋아하는 남자아이한테 달려가

자기가 좋아 하는 아이라고 당당하게 말하던
소아'의 첫사랑이 생각났습니다.

어느 쪽이 더 낫달 것도 없는
아주 어릴 적 첫사랑'이라 하기도 수줍은 얘기들이지만,

소아와 용현이의 성격이 살짝 들여다보이는
작은 에피소드'였습니다.

소아 vs. 용현(거짓말)

"용현아 거짓말 하지 마. 엄마가 모르는 거 같아?"

용현이를 차에 태우고 자동차의 헤드라이트'가 망가져
카센터에서 바꿔 달고 있을 때였습니다.

뒷자리에 그냥 앉아 있기가 지루했던지
작은 게임기를 꺼내서 게임을 하는 거였어요.

학교에는 절대로 게임기를 가져가지 못하게 했던지라
방금 학교에서 데려온 용현이에게 게임기가 있는 걸 본 제가
오히려 더 당황해 물어봤답니다.

"용현아, 너 게임기 학교 가져갔었어?"

놀란 용현이 갑자기 얼굴이 붉어지며
"아니 차에 있었어."

가끔 차'에 게임기를 두고 간 적도 있었지만
쓸데없는 것을 아주 잘 기억하는 저의 기억력은
용현이가 그 당시 거짓말을 하고 있다는 것을 알게 되었죠.

그래서…

용현이의 거짓말은 그 자리에서 탄로가 났고
제가 평소에 다른 어떤 잘못 보다도 거짓말 하는 것을
가장 큰 잘못으로 생각하고 있다는 것을 아는 용현이는
뒷자리에 앉아 양 볼이 발갛게 상기되어
어쩔 줄 몰라 하는 듯 했습니다.

마침 헤드라이트' 전구 교체가 끝이 나서
돈을 지불하고 다시 차를 빼서 시동을 거는 동안
저의 마음도 조금은 진정이 되었고
용현이의 머리도 잠시 생각할 틈이 있었나 봅니다.

집을 향해 출발하자마자 조용히 뒷자리에 앉아 있던 용현이
너무나 서럽게 울먹이면서…

"엄마, 내가 정말 크게 잘못했으니까. 내가 큰 벌을 받을게.

나한테 정말 큰 벌은 내가 하고 싶은 게임 못하는 거니까
이 게임기 이제 엄마가 가지고 있어."

소아의 …

"엄마 나두 용현이처럼 엄마한테 거짓말 한 적 있어.
여태 딱 두 번 있었는데,
하나는 엄마도 알지? 어릴 때 생양파' 먹기 싫어서
입속에 잔뜩 넣고 먹은 척 했다가 부엌' 가서
휴지에 다 싸서 버린 거, 그거 하나하고...

두 번째건 너무나 엄청난 거짓말이라...
나도 그 땐 그 게 그렇게 큰 잘못인 줄은 몰랐는데
근데 엄마 나,
내가 잘못한 거 벌 벌써 내가 다 받았어.
내가 그 거짓말하고 얼마나 오랫동안 잘못한 거 때문에
마음 아파했었는지..."

한국나이로 이제 18살 고3
키가 170이 다 되어가는 너무나 사랑스럽고 예쁜 소아 입에서

낮에 있었던 용현이의 거짓말 사건을 얘기하자
한참을 듣고 있다가 이런 얘기를 시작하는 거였습니다.

전 정말 소아처럼 정직한 아이를 본 적이 없었기에
그리고 얘기를 풀어나가는 시작이 너무나 심상치 않았기에
두 눈을 동그랗게 뜨고
하지만, 얘기하다 주눅 들어 못할까봐 아무 일도 아닌 듯
"뭔데? 그 때 그 양파' 사건은 정말 웃겼어... 그치?"

괜히 웃으며 장난까지 쳐가며 이야기를 끌어내려 했었죠.

"엄마 나 초등학교 2학년 때 안경 잃어버린 적 있었지?"

"그래 있었지. 근데 그 게 왜?"

"엄마 그 거...
잃어버린 게 아니라, 내가 휴지에 싸서 쓰레기통에 버렸던 거야."

눈 검사를 하고 처음으로 소아에게 안경을 맞춰 주었는데
잠시 한국을 다녀온 다음날 안경이 없어져서
찾고 난리를 쳤던 기억이 10년이 지난 아직도 생생한지라
너무나 놀라... 하지만 태연한 척하며...

"그 걸 왜 버렸어?"
오래 전 일이라 벌써 추억'이 되어버렸던지...

씨익~ 웃던 소아

"엄마 난 그 때 정말 안경 쓰기가 싫었었어.
그래서 안경을 없애버리면 안경을 안 써도 되는 줄로 알았거든.
근데 엄마가 그렇게 안경을 찾는 것을 보고
그리고 며칠 후 다시 돈을 주고 안경을 맞춰주는 걸 보고
내 마음이 얼마나 고통스럽던지...

그 후로도 아주 오랫동안 그 고통은 날 쫓아 다녔었어.
안경을 버리면 안경을 안 써도 되는 줄 알았던 내가
너무나 바보 같았고
어떻게 그렇게 끔찍한 거짓말을 엄마한테 할 수가 있었는지
엄마 나 정말 오래토록 고통스럽게 그 벌 다 받았어.
이제야 맘 편하게 얘기하는 거야.

엄마 정말 미안해."

평소에 하루에 30분만 게임을 하게 해서
몇 시간씩 게임해도 되는 반 친구들을 부러워하던 용현이
그 게임기가 말썽이 되어 거짓말'까지 하게 되고
그 거짓말이 탄로 나자

그렇게 좋아하는 게임을 하루 30분이 아니라

아예 계속 못하게 게임기를 압수하라며
자기 스스로 벌을 받겠다며
벌칙까지 정하는 용현이를 보면서,

그래서 한 달'만 게임기를 압수하겠다는
저와의 약속을 받아낸
그 자리에서 모든 것을 해결시키는 용현이를 보면서,

싫어하는 안경'이 없어지면
안경'을 쓰지 않아도 되는 줄 알았기 때문에
그래서 그렇기 때문에 뭘 잘 몰라서 엄마를 속이고
그것이 잘못 된 것을 나중에 알고
그 고통을 10년을 간직하며
스스로 자기 자신에게 벌을 준
소아를 생각하면서

단지 두 아이의 성격 탓일지, 아니면
아이들이 서로 놀고 어울리고 자란 곳이 달라서인지 잠시
생각하게 되었습니다.
하지만 …
어쨌든 …

어떤 경우든 …

세상에서 가장 사랑스러운 내 아이들'입니다.

gasse

그린이 박미라

성신여대 서양학과 졸업
Ecole de Gana 졸업

글쓴이 김남지

이대음대성악 전공
독일 Bischöfliche
Kirchenmusik-schule
Berlin 교회음악 전공

휘시앤칩스,
벼룩의 간을 샀습니다 저자

가쎄 화랑, 출판사 대표

마이네킨더

Meine kinder